AF358290

Jean Moura et Paul Louvet

La Mère

de

Jeanne d'Arc

—◦〰◦→

Librairie Académique Perrin et Cie

LA
MÈRE DE JEANNE D'ARC

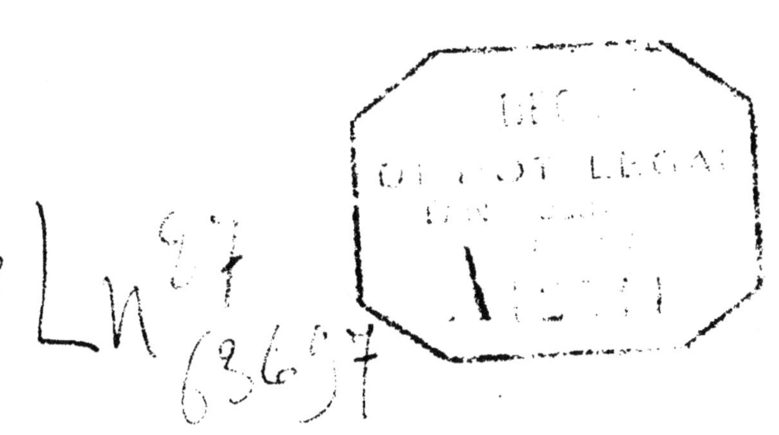

DÉJA PARUS :

———

DES MÊMES AUTEURS

La Vie de Vatel (N. R. F.).
Le Mystère du Chevalier d'Éon (N. R. F.).
Le Café Procope (Perrin).

DE JEAN MOURA

La Mariée noire (Dunod).

Fragment d'une gravure de Jean POINSART exécutée vers 1730 d'après une tapisserie de haute lisse, perdue aujourd'hui et datant de la fin du XVe siècle. L'artiste a représenté le père et la mère de Jeanne d'Arc arrivant à Reims.

JEAN MOURA ET PAUL LOUVET

———

LA MÈRE

DE

JEANNE D'ARC

> « L'avenir d'un enfant est toujours
> l'ouvrage de sa mère ».
>
> NAPOLÉON.

PARIS

LIBRAIRIE ACADÉMIQUE

PERRIN ET Cⁱᵉ, LIBRAIRES-ÉDITEURS

35, QUAI DES GRANDS-AUGUSTINS, 35

1930

LISTE

DES PRINCIPAUX OUVRAGES CONSULTÉS

Chanoine Cochard. — *La mère de Jeanne d'Arc à Orléans* (1906).

R. P. M.-J. Belon et R. P. Balme. — *Jean Bréhal, Grand Inquisiteur de France et la réhabilitation de Jeanne d'Arc* (1893).

Eugène Jarry. — *Un monument inconnu élevé à Jeanne d'Arc par la ville d'Orléans* (1893).

Traduction de J.-E. Choussy. — *Procès de Réhabilitation.*

Eugène Jarry. — *La maison de Jeanne d'Arc à Orléans* (1909).

Manuscrit de la Bibliothèque du Chapitre d'Orléans. — *Journal pour la Vie de Charles VII.*

Estienne Pasquier. — *Les Recherches de la France* (1610).

Divers Comptes des Villes d'Orléans et Reims.

Pierre Lanéry d'Arc. — *Le Culte de Jeanne d'Arc au* xvᵉ *siècle* (1887).

Germain Lefèvre-Pontalis. — *La fausse Jeanne d'Arc* (1895).

Grillot de Givry. — *La survivance et le mariage de Jeanne d'Arc* (1914).

La chronique bretonne (1540).

Symphorien Champier. — *Nef des Dames* (1503).

Jean de la Chapelle. — *Chronique* (1492).

QUICHERAT. — *Le procès de Jeanne d'Arc.*

DOYEN DE SAINT-THIBAUD DE METZ. — *Chronique.*

ABBÉ MOUROT. — *L'authenticité de la maison de Jeanne d'Arc à Domremy la Pucelle* (1890).

Journal d'un bourgeois de Paris.

HEINCE et BIGNON. — *Notes curieuses sur Jeanne d'Arc. — 1° Sa vie* (1667).

POLLUCHE D'ORLÉANS. — *2° Le problème de sa mort* (1749).

HENRI JADART. — *Jeanne d'Arc à Reims* (1887).

A. CHASSAING. — *Chroniques d'Étienne Médicis, bourgeois du Puy* (1869-74).

ALBERT BOUDON-LESHERMES. — *La vie d'autrefois au Puy-en-Velay* (1912).

P. O.-S. DE GISSEY. — *Discours historiques de la très ancienne dévotion à N.-D.-du-Puy* (1620).

ULYSSE ROUCHON. — *Les anciennes hôtelleries de la ville du Puy* (1904).

VATIN. — *Jeanne d'Arc à Domremy* (1906).

CHÉVELLE. — *Jeanne d'Arc à Burey-le-Petit ou Burey-en-Vaux. — La famille Laxart* (1899).

SIMÉON LUCE. — *Jeanne d'Arc à Domremy* (1886).

CHAPELIER. — *Étude historique et géographique sur Domremy* (1890).

ÉMILE HINZELIN. — *Chez Jeanne d'Arc* (1904).

HENRI CHAPOY. — *Les Compagnons de Jeanne d'Arc* (1897).

ARMAND BOUCHER DE CRÈVECŒUR. — *Les Roméo et les de Perthes* (1891).

FALLOT. — *Le Patois lorrain.*

LACHESNAIE. — *Les frères de Jeanne d'Arc.*

LOUIS FERRY GABRIEL DE BELLEMARE. — *La Famille de Jeanne d'Arc.*

J.-B.-J. AYROLES. — *La vraie Jeanne d'Arc* (1890).

P.-H. DUNAND. — *Histoire complète de la Bienheureuse Jeanne d'Arc* (1912).

P.-H. DUNAND. — *Études Critiques d'après les textes sur l'histoire de Jeanne d'Arc* (1903).

LIVRE I

ISABELLE HEUREUSE

CHAPITRE PREMIER

COMMENT JACQUES D'ARC ET ISABELLE CHEMINAIENT
VERS DOMREMY AVEC TOUTES LEURS RICHESSES

C'était une nouvelle épousée qui avait quitté la maison de ses parents et s'en allait maintenant, en compagnie de son mari et de ses frères, prendre possession de la demeure où elle vivrait désormais. Elle laissait derrière elle son village natal de Vouthon-le-Haut, et s'acheminait vers Domremy[1].

Sans doute s'en venait-elle, juchée sur un lourd chariot plein de coffres, de matelas, de cruches, de marmites, de porcs et de volailles. Imaginons-la cependant qu'elle passait ainsi sur la route.

Cette fille des marches de Lorraine était brune et grande ; elle avait les yeux un peu enfoncés dans la tête, avec le regard clair et prompt des

1. A environ deux lieues.

femmes de sa race. Son corps se perdait dans les plis d'une ample robe, et sa tête portait un bonnet recouvert d'un voile court qui lui pendait dans le dos.

Autour de son char, des brebis maigres secouaient leurs gros ventres, en mâchonnant des feuilles qu'elles arrachaient aux haies, et les hommes, montés sur de lourds chevaux poilus, empêchaient le troupeau de s'égailler dans les champs.

Celle qui cheminait ainsi, avec toutes ses richesses, était Isabelle [1].

Peut-être un jour était-elle allée se prosterner aux pieds du Pape, en la ville sainte, car on l'avait surnommée « Romée » [2]. Les voyages, en effet, ne l'effrayaient point ! on l'avait vue dans tous les lieux bénis de la région ; elle ne craignait pas de s'aventurer sur les routes où l'on se trouvait exposé à bien des périls, ni de se mêler aux foules où les gens avaient d'autres costumes et d'autres modes qu'en son village.

Ses parents se contentaient du titre modeste de

1. Née vraisemblablement en 1387.
2. Le terme de Romée dans le Nord, de Romieu dans le Midi, de Romei en Italie, désignait, à l'origine, le pèlerin qui était allé à Rome.
Cette acception s'étendit peu à peu à ceux qui s'étaient rendus à des pèlerinages autres que celui de Rome.
Un acte de 1432 donne à un nommé Duranti le nom de Romieu « parce qu'il avait été au grand jubilé du Puy-en-Velay en 1429 ».
Or Isabelle prit part à ce même pèlerinage et, avant cette date, aucun document ne lui attribue le surnom de Romée.
Malgré l'opinion de la presque totalité des auteurs, nous

« laboureurs » ; mais ils possédaient des troupeaux, des vergers, des champs, un « gagnage »[1], et venaient de donner à Isabelle, en cadeau de noce, cette maison de Domremy vers laquelle la jeune femme s'en allait maintenant, avec Jacques d'Arc[2] son époux ; car la coutume lorraine voulait que le mari suivît sa femme et se fixât en la demeure qu'elle avait reçue en dot.

Isabelle n'avait point pris époux parmi les hommes de la terre qui, tout le jour, ploient leur échine raide vers les sillons : elle avait choisi un gentil clerc, savant en lecture et en écriture, qui se penchait studieusement vers un haut pupitre de chêne, et traçait des signes tout luisants d'encre sur le vélin des manuscrits.

Les essieux du char gémissaient, les cuirs se tendaient sur le dos des bêtes ; dans le chariot, la batterie s'entre-choquait, et les porcs reniflaient bruyamment la paille de leur litière ; on enten-

estimons donc qu'Isabelle ne fut désignée sous le nom de Romée qu'après 1429 et s'appelait simplement Isabelle, Isabelette, ou Zabillet de Vouthon.

1. On appelait dans le Barrois « un gagnage » une petite ferme ayant des chevaux. Un « conduit » était une ferme moins importante n'ayant pas de chevaux.

estimons donc qu'Isabelle ne fut désignée sous le nom de

2. Nous ne rappellerons pas les nombreuses polémiques qui ont été soulevées par l'orthographe exacte du surnom de Jacques ou Jacob, que certains écrivent Darc, Daise ou d'Ay.

D'autre part, de nombreux auteurs ont discuté avec passion la nationalité de Jeanne : les uns veulent qu'elle ait été Champenoise, les autres Barroise, certains même la veulent Allemande ou essaient de prouver qu'elle n'a jamais existé.

Nous adoptons l'orthographe maintenant consacrée, qui est d'Arc, et nous estimons que Jeanne était Lorraine et Française.

dait le trottinement des brebis, et le gros pas ferré des lourds sabots des chevaux qui retombaient pesamment sur la route.

Tout ce bruit empêchait les voyageurs de se parler entre eux, et, secoués par l'ornière du chemin ou le pas de la monture, les deux époux, devant qui s'ouvrait toute une existence nouvelle, imaginaient leur avenir et revivaient leur passé.

Jacques d'Arc, déjà, devait se préoccuper du bien qu'il allait trouver au terme de son voyage ; il regardait les forêts sombres, les pâturages où paissaient les gras troupeaux, les pins immobiles et les vignes aux pentes des coteaux ; il respirait l'odeur de miel, de mousse et de champignons qui arrivait de la forêt, mêlée à une âcre fumée de branchages dont les sèves odorantes chauffaient au feu du charbonnier ; mais c'étaient surtout les labours qui le faisaient se tourner sur son cheval et qui retenaient son regard. L'âme de sa lignée terrienne s'était réveillée en lui, à savoir qu'il allait posséder une terre ; il eût voulu soupeser le grain du sol dans ses mains qui n'avaient point encore de callosités ; il évaluait de l'œil la profondeur des sillons, la hauteur des luzernes et des blés; et, en même temps, il se souvenait de Ceffonds, son village natal, entouré de ses longues vignes, de ses peupliers sveltes et droits, et de ses cimes nues couronnées de châteaux-forts.

Il y avait laissé son père, un vieillard silencieux et pensif, que l'on voyait s'asseoir devant sa maison et contempler le paysage familier des collines tapissées de bouleaux et de genévriers, et des forêts qui déroulaient la houle sombre de leur feuillage. Issus du pays de Langres, peut-être d'Arc-en-Barrois, dont ils avaient gardé le nom, les d'Arc s'étaient fixés à Ceffonds, en qualité d'arpenteurs du Roi pour les « Forêts de France ». Depuis plusieurs années déjà, Jacques d'Arc avait quitté ce père vénérable pour s'attacher au service de son compatriote Simon de Montierender, procureur du duc de Bar dans le Bassigny champenois, et les moines du Der lui avaient confié une mission dans l'un de leurs fiefs. Ces fonctions l'avaient conduit au village de Vouthon, où devait se fixer son destin. Un prêtre[1], ému de sa sagesse et de sa piété, l'avait amené à la maison d'Isabelle, afin que les jeunes gens reconnussent en eux les vertus qui les apparentaient et semblaient les destiner à marcher unis dans la vie.

Ainsi avaient-ils fait, et les veillards pleins de sagesse et d'expérience leur avaient prédit une longue suite de jours heureux, car leurs cœurs étaient purs et leurs âmes vaillantes.

Jacques d'Arc lui-même n'était pas un vilain : mais un noble homme qui portait des armoiries :

---

1. Henri de Vouthon, curé de Sermaize, était probablement frère d'Isabelle ; or Sermaize est un bourg de Champagne situé à peu de distance de Ceffonds, patrie de Jacques d'Arc. Il n'est pas téméraire de supposer que le curé Henri de Vouthon a eu une part plus ou moins active au mariage de sa sœur.

« d'azur à l'arc d'or mis en face chargé de trois
trèfles entre-croisés, la pointe en haut » [1].

Sa mine était grave. La science, cependant, ne
l'avait point égaré ; il continuait d'être bon, pieux
et juste. Et le clerc retournait maintenant à la
terre, d'où il venait ; car il n'eût pas été bien que
la dot de sa femme demeurât en friche ou passât
en des mains étrangères, cependant que lui, chétif
écrivain assis à la maison de ville, se fût préoc-
cupé du cens et de la gabelle au lieu de compter
les brebis de ses troupeaux et les meules de ses
champs.

Ainsi, monté sur son cheval, s'en allait-il dans
une grande méditation, en poussant les bêtes devant lui.

Isabelle avait les mêmes espérances quand elle
songeait à l'avenir ; pour elle, comme pour
Jacques d'Arc, il était fait d'une terre féconde et
de beaux enfants sains. Mais son passé lui mettait
en l'esprit des visions différentes : la jeune femme
n'avait pas vu de maître se tenir à son côté pour
lui apprendre à lire et à écrire ; sa jeunesse, quand
elle en évoquait le souvenir en sa pensée, n'était
point vêtue d'une longue robe nubile et studieusement penchée sur un lutrin de chêne, derrière
un vitrail à images ; mais Isabelette la voyait as-

---

1. Les armes de l'ancienne famille d'Arc sont mentionnées
dans les lettres patentes de 1612, par lesquelles le roi
Louis XIII permet à la branche cadette de la famille du
Lys de reprendre les armoiries de la Pucelle.

sise au coin de l'âtre, où elle écoutait les légendes
de la veillée. Elle se nourrissait de pain, de catéchisme et d'histoires merveilleuses ; elle apprenait
tout ce qu'il faut savoir pour devenir, un jour,
la femme vaillante et sage qui fait de son mari
un homme heureux. Ses parents lui enseignaient
à être pieuse et bonne ; ils la menaient auprès des
pauvres, ils l'agenouillaient à l'église ; et sa mère
l'avait mise au rouet, lui avait montré comment
on taille des habits et comment on les coud. Elle
lui avait fait baratter le beurre, saler le fromage,
conserver le lard. Elle lui disait qu'il n'y a de
paix et de joie que dans la satisfaction de la tâche
accomplie.

Ainsi elle l'avait conduite jusqu'au jour de ses
noces, où, penchée sur le seuil de sa maison et lui
faisant ses dernières recommandations, elle l'avait
abandonnée au maître qui devait l'emmener vers
un autre pays.

La nouvelle épousée sentait encore sur ses joues
la moite tendresse des lèvres qui l'avaient em-
brassée au moment du départ. Toute la parenté
s'était réunie dans la ferme ; il y avait eu des
chants, des rires, des danses ; sa sœur Aveline,
pensive sans doute, la regardait s'éloigner dans
le chariot qui la menait à sa nouvelle demeure,
cependant que son frère, Jean de Vouthon, en-
fourchant un cheval, avait dû déclarer qu'il voulait accompagner les nouveaux époux jusqu'à
Domremy afin de les aider à s'installer. Et d'au-

tres parents s'étaient joints à lui, que l'on voyait maintenant montés sur leurs bêtes et faisant une escorte d'honneur à Jacques et à Isabelle.

Ils allaient lentement, et les disques des roues gémissaient dans les ornières ; elles étaient profondes ; du matin au soir, il y passait des marchandises : des tonneaux de vin pour les festins joyeux, ou des tonneaux de poix pour les mâchicoulis des remparts, des boulets de pierre pour les canons et les catapultes. La guerre avait modelé l'ancienne voie romaine qui, traversant Domremy, allait de Vaucouleurs à Neufchâteau et reliait la Bourgogne aux Flandres. Et les parents qui escortaient les nouveaux époux, n'ayant point en tête leurs préoccupations d'avenir, songeaient à la misère du royaume de France. L'esprit du roi Charles VI était égaré ; tous ses courtisans l'avaient abandonné, et il y avait grande lutte entre les ducs de Bourgogne et d'Orléans. Beaucoup de gens étaient bien malheureux ; chaque parti vainqueur chassait les paysans devant lui comme des troupeaux de bêtes ; puis il les pendait, ou les jetait à l'eau après les avoir torturés ; les maisons brûlaient ; les églises s'écroulaient sur les femmes, les vieillards et les enfants qui s'y réfugiaient.

Ils allaient, et le bruit de leur convoi en marche les isolait dans leurs pensées différentes. Puis la route s'élargit ; la Meuse, qu'ils longeaient, s'écarta. Ils passèrent entre des maisons basses couvertes de toits de chaume. Une vieille église fléchissante était là, sur une sorte de petite place ; son porche voûté attendait le voyageur, et il y avait, tout autour d'elle, les croix blanches de son cimetière.

Au tournant de la route, une maison « bastie « en chambre bas et haulte, deux greniers dessus « les dictes chambres », se blottissait dans l'ombre de l'église ; devant la maison l'on voyait « deux « petites corselles, avec un petit vollier et des « usuaires de tous côtés ». Entre elle et l'église, il y avait tout juste la place de deux tombes et d'un pommier ; son toit n'avait qu'une pente de chaume, comme si on l'eût coupé en son milieu. La Meuse brillait devant le seuil entre ses rives ombragées, et l'on apercevait, derrière le village, une colline couronnée d'un petit bois.

C'était la maison d'Isabelle. Le convoi s'arrêta, et la femme descendit de son char. Alors, le voyant immobile, les paysans durent arriver ; ils entourèrent la voiture en souhaitant la bienvenue aux voyageurs ; l'on peut aisément se représenter le déménagement des jeunes époux ; les enfants se poussaient pour regarder ce qu'apportait le char ; les femmes avaient encore leur quenouillée de lin aux doigts, et les longues aiguilles de leurs fuseaux. Les hommes offraient leurs bras pour aider à descendre de la voiture les lourds coffres pleins de linge, de vaisselle et d'habits.

Isabelle, toute courbaturée par les cahots du

chemin, s'apprêtait à travailler avec eux ; mais, auparavant, il lui fallait remercier Dieu d'avoir cheminé sur la route, avec toutes ses richesses, sans que les mercenaires et les voleurs eussent foncé sur le troupeau et pillé les coffres. Elle entra à l'église, dont les voûtes s'affaissaient et dont les joints s'écartaient ; elle se prosterna sur les vieilles dalles usées ; elle demandait la paix de son foyer et la fécondité de son sein.

Bientôt elle revint auprès des hommes, qui menaient un grand tapage autour du chariot ; on les voyait refermer leurs bras sur les marmites qui leur haussaient le menton. La couette du lit passait de paysan en paysan, accompagnée de gros rires et de plaisanteries ; des mains brandissaient des bassinoires qui s'enflammaient aux derniers feux du soleil ; les poules, liées par les pattes, étaient jetées sur le sol, où elles essayaient de battre des ailes ; les porcs, attrapés par les oreilles et la queue, poussaient des cris perçants.

Puis les frères et les voisins, le déménagement terminé, burent le vin rosé de Greux à la santé des jeunes époux et s'en retournèrent en leur maison.

Isabelle qui était vaillante, dès qu'ils se furent éloignés, dut commencer de nettoyer sa nouvelle demeure.

La grande salle, que l'on appelait « le poêle », allait servir tout ensemble de cuisine et de chambre à coucher. Isabelle s'agenouilla sur ses vieilles dalles crasseuses, se secoua le corps au bout d'un balai, lava, brossa, frotta. La pièce était encore parfumée de l'odeur du pain que ses précédents occupants cuisaient dans le four, et ses murs avaient gardé l'empreinte de leurs doigts. Les grosses poutres du plafond, noircies par la fumée des torches, étaient tendues de toiles d'araignée ; le vent avait soufflé aux dalles du sol la cendre froide de l'âtre.

La vie des nouveaux mariés s'organisa bientôt, réglée, laborieuse, comblée de travail et s'en reposant, de temps à autre, dans la prière, à l'ombre fraîche de l'église. Ils menèrent l'existence des paysans lorrains du commencement du XIVe siècle.

Dès l'aube, Jacques d'Arc entrait dans ses chausses aux longs pieds pointus et retroussés, dont on voyait plier le bout quand il marchait ; puis, soucieux de ne point en écorcher le drap aux ronces des sentiers où il allait passer pour se rendre à ses champs, il se roulait une étoffe autour des mollets, qu'il liait par des cordons aux chevilles et au-dessous du genou ; ceci fait, il revêtait sa longue casaque serrée à la taille, se coiffait de son petit chapeau de drap, rond de calotte et retroussé des bords, et s'éloignait de la maison pour sa longue journée de labeur paisible et heureux.

Quelquefois il gardait les bêtes du village ; la coutume voulait, en effet, que chaque famille, à son tour, se chargeât de mener paître le bétail des habitants dans les prairies et terrains communaux[1], et il prenait avec lui un gourdin pour la discipline des troupeaux et une corne sonore qui les rassemblait à l'heure du retour. Il s'en allait dans le brouillard qui montait de la Meuse et s'accrochait aux hêtres, étendant sur les vallons l'impalpable tissu de sa rosée ; les vaches beuglaient doucement, les moutons se pressaient autour de Jacques d'Arc ; ils éternuaient à l'humidité matinale, et secouaient leurs oreilles ; leurs toisons ondulaient ; toutes ces respirations pressées faisaient comme un bruit de flot ; mais Jacques d'Arc ne pensait pas aux flots innombrables quand il conduisait les troupeaux du village.

Il était soucieux de ses cultures, car il s'aventurait là dans une tâche nouvelle pour lui, où il lui fallait beaucoup apprendre des autres et apporter une grande prudence.

Isabelle lui était de bon conseil, car, depuis l'enfance, elle entendait parler de la terre ; elle savait comment il la faut traiter ; elle connaissait les surprises des orages et des grêles, celles des

---

1. Chacun, après la récolte des foins, avait le droit de faire pâturer un nombre de têtes de bétail proportionnel à celui des « fauchées de pré » qu'il possédait en propre. C'est ce qu'on appelait « le ban de Domremy », dont la garde était confiée à tour de rôle à une personne prise dans chaque conduit ou gagnage.

gelées et des jours de sécheresse, et disait à quelle profondeur il faut enfoncer le soc de la charrue dans le sillon pour que le blé soit lourd et que la moisson fasse craquer la planche des greniers. Aussi venait-elle souvent le rejoindre, quand elle avait mis la maison en ordre. Elle était taillée pour les durs travaux des champs ; elle ne craignait pas d'enfourcher les gros chevaux de labour, ni de tenir en main le manche de la charrue. Sa large robe de futaine relevée sur la cotte, le voile pendant jusqu'à la ceinture, elle jetait le grain à la volée, ou liait les gerbes que l'on voyait monter dans le chariot.

Alors, comme on les imagine aisément en ces calmes années de bonheur. Marchant en tête des bœufs qui rapportaient la moisson, ils s'en revenaient le soir, par les chemins embaumés du parfum miellé de la reine-des-prés, harassés de fatigue, et confiants dans leur avenir. Ils descendaient les pentes des vallons d'où l'on apercevait Domremy. Le village se composait d'une trentaine de chaumes alignés sur la route, entre des arbres fruitiers et de petits jardins au mur bas qui s'en allaient jusqu'à la Meuse, où des femmes faisaient claquer leurs battoirs. Ils cherchaient du regard leur maison, à côté de l'église, dont le vieux clocher carré, quelquefois, lâchait un oiseau dans une volée de cloches.

Le ruisseau des Trois-Fontaines partageait le village en deux parties, dont l'une dépendait de la châtellenie de Gondrecourt et l'autre de la prévôté de Monteclerc et Andelot.

Les branches du sentier accrochaient la paille du chariot ; des bœufs paissaient dans les prés, et de gros souffles traversaient les haies d'aubépine ; on entendait les ruches bourdonner. Tous ceux qui rencontraient Jacques d'Arc et Isabelle les saluaient, quand ils arrivaient dans le village ; car, très vite, ils s'étaient fait aimer pour leur politesse et leur grande honnêteté. Les hommes demandaient conseil à l'ancien clerc pour les dîmes qu'ils devaient payer ; il débrouillait leurs comptes et dissipait leurs inquiétudes ; aussi voyait-on souvent les paysans se diriger vers sa maison.

Isabelle était une ménagère experte et vaillante. Dès l'aube, elle se courbait sur le foyer de l'âtre ; engloutie jusqu'aux épaules par la hotte fumeuse de l'énorme cheminée, elle soufflait dans un long tube de bois pour attiser le feu ; bientôt la flamme pétillait ; une fumée bleue sortait du chaume, emportant avec elle l'odeur des sèves forestières, et le coquemar rougeoyait en chantonnant ; partout des lueurs dansaient, sur la caquerolle de cuivre au long manche, montée sur ses trois pieds, la poêle et le poêlon, les landiers, l'écumoire, les pelles, les broches, la vaste marmite suspendue au-dessus du feu, au bout de la crémaillère.

Elle frottait la longue table de hêtre qui servait

aux repas, y étendait la nappe, y poussait les bancs ; ils étaient taillés en plein bois, et si lourds qu'elle avait peine à les soulever ; elle sortait d'une petite armoire creusée dans le mur, en face de la cheminée, les poteries et les plats du ménage ; il y avait des saucerons pour les ragoûts, des terrines qu'on employait à toutes sortes d'usages, et dont on se servait même quelquefois pour boire, des écuelles en forme de calotte aplatie ou de petit bassin cylindrique, souvent muni de deux anses.

Elle remplissait la cuve de bois posée sur un tronc large et élevé, et dont on puisait l'eau à l'aide d'un bassin à long manche. Puis elle étendait une large tranche de pain sur le tranchoir pour que la mie absorbât la sauce de la viande qu'elle allait y déposer. Elle faisait sécher le fromage salé dans les « chazières d'ozière », elle mettait le porc dans le saloir, à côté de la « tinette à battre beurre » ; et, quand venait l'heure du repas, on la voyait, le visage tout empourpré par le feu, faire sauter l'omelette dans la poêle à longue queue ; puis, la taille cambrée, les bras levés, d'un large couteau elle coupait une tranche violacée au jambon pendu aux poutres du plafond et cuit dans la fumée odorante des branchages résineux de la forêt.

Bientôt elle fut plus lente en ses mouvements,

plus lourde en sa démarche. Le « Seigneur Dieu » bénissait la maison de Jacques d'Arc, qui n'aurait point une épouse stérile.

Comme toutes les bonnes femmes vaillantes le faisaient en semblable circonstance, elle ourla des langes, lava et enferma dans des sacs de grosse toile rugueuse de la laine des moutons pour en faire la couverture de son enfant, fit sécher des feuilles de maïs dont elle bourra sa couette.

Ce fut un fils, et on l'appela Jacquemin.

Dès qu'il put balbutier ses premiers mots, elle lui apprit à prononcer les noms de Jésus et de Marie. Mieux qu'un clerc savant et qu'un docteur plein de subtilités et d'arguties, elle sut lui montrer le roi du Paradis et sa bonne mère. Elle les décrivait tels qu'elle les voyait elle-même : Dieu le Père avait une couronne d'or sur la tête, un manteau d'hermine aux épaules ; il ressemblait un peu au Roi de France. La Vierge était une belle Lorraine vêtue d'une robe bleue ; elle portait un long voile qui lui descendait jusqu'aux pieds, qu'elle avait chaussés de sandales si fines qu'aucune fileuse, fût-ce la plus adroite et la plus sage, n'eût été capable d'en suivre la trame. Ils étaient familiers et souriants. Ils se penchaient sur le petit Jacquemin, et tendaient vers lui de grands lis odorants qui lui caressaient la joue quand le vent frais, parfumé aux odeurs forestières, s'en venait rôder autour de la maison.

Puis elle lui apprit le *Pater Noster*, l'*Ave Ma-*

ria et le *Credo.* Sans doute s'agenouillait-elle auprès de son petit lit sur les larges dalles de la grande salle, et on l'entendait prononcer lentement, cependant que les bœufs soufflaient dans l'étable et que le feu dansait au plafond : « Notre Père, qui êtes aux cieux... » — Et la toute petite voix de l'enfant répétait après elle : « Notre Père... »

Quand la prière était finie, elle le prenait sur ses genoux ; elle avait beaucoup de travail, cependant, qui l'attendait : les bêtes à soigner, la farine à brasser dans le pétrin, la cuisine à préparer, des « linceuls » et des habits à raccommoder, et mille autres travaux encore qui, du matin au soir, sans répit, lui mettaient tout le corps en mouvement ; mais elle semblait ne plus y penser, tout à coup, et longuement, patiemment, comme si elle avait eu beaucoup de temps devant elle, Isabelle expliquait à l'enfant attentif le sens des paroles qu'elle lui avait apprises ; elle essayait de lui faire comprendre le mystère de pardon et de salut que rappelle le signe de la croix ; elle lui montrait le crucifix de bois : les hommes méchants y avaient attaché le petit Jésus de la crèche, qu'on voyait dans l'église, à la Noël ; il avait eu grand mal, car on lui avait enfoncé des clous dans les pieds et dans les mains ; sa pauvre maman, la Vierge Marie, qui entendait frapper les coups de marteau, en éprouvait bien du chagrin ; mais toujours le petit Jésus, dont le flanc était ouvert et le corps tout disloqué, répétait qu'il fallait leur pardonner, parce qu'ils ne savaient pas ce qu'ils faisaient. Il était mort pour racheter les hommes, qui, tous, avaient commis de gros péchés, pour que les petits enfants pussent aller un jour en paradis, s'ils avaient été bien sages sur la terre. Aussi, comme il fallait l'aimer et lui témoigner de reconnaissance !

Isabelle parlait peu de l'enfer et de ses supplices, et, bien que le temps fût à la magie, elle ne disait rien des sorciers et de leurs formules cabalistiques, pleines d'un mystérieux pouvoir. Son esprit lucide et clair, d'instinct, répugnait aux visions tourmentées qui enfantent la terreur. Mais elle s'attardait à la description du ciel ; il était si plaisant à imaginer, il remettait si bien le corps de toutes ses peines ! Il avait la couleur éblouissante d'une image tout enluminée d'or qu'elle avait vue une fois dans un missel. Dieu y prononçait de douces paroles qui mettaient toutes les âmes en liesse, et les bonnes actions commises pendant la vie devenaient la grande félicité des élus.

Ainsi parlait Isabelle pour instruire son petit enfant, et lui inspirer l'amour de Dieu et la crainte du péché.

Puis, les années se succédant, elle eut une fille : Catherine, et deux fils, Jehan et Pierre, qu'elle éleva avec le même soin et la même piété.

Elle ne savait ni lire ni écrire, et cependant elle n'était point ignorante, puisque, mieux que la plupart des chrétiens, elle comprenait les belles paroles d'une prière qui contient toute la science humaine et toute la charité du monde.

Elle avait une trop bonne santé, une tête trop solide pour s'émouvoir exagérément des peines éternelles, et s'abandonner au délire des sens et de l'imagination. Certes, elle croyait à l'enfer, au démon, au feu où le pécheur brûlera sans fin : ne faut-il pas une récompense pour les bons et une punition pour les méchants ? Mais l'image des damnés ne la hantait point ; elle regardait plus volontiers du côté de Jésus et de Marie ; elle se récréait à leur divin sourire, se reposait de ses durs travaux ménagers en se souvenant de leur bonté. Son enfance pieuse l'avait emplie de jolies images; les raffinés se bercent l'oreille à la cadence des phrases harmonieuses écrites par les poètes, au rythme des chansons douces... Isabelle trouvait dans la religion de quoi enchanter ses oreilles et ravir ses yeux. Enfant, elle avait appris son catéchisme ; maintenant, les sermons de l'abbé Minet, curé de la paroisse de Greux, dont dépendait Domremy, faisaient la joie de ses semaines laborieuses. Elle y retrouvait des images charmantes, des personnages dont la légende avait fixé les gestes et qui lui tenaient compagnie, cependant qu'elle accomplissait les humbles devoirs de sa vie.

Les principaux personnages de la Bible lui étaient familiers : elle connaissait Moïse et la Mer Rouge, la manne du désert, la Fuite en Egypte, Tobie et son nid d'hirondelle, Judith et Holopherne, Rebecca, Sara, Isaac, Jacob, et bien d'autres encore, vêtus de longues robes patriarcales et coiffés de hauts bonnets hébraïques ; la Légende Dorée avait charmé bien des heures de son existence. Sainte Geneviève, assise sur une roche et la houlette couchée sur les genoux, gardait son troupeau en rêvant aux maux qui accablaient la Gaule. Et il y avait les vierges martyres : sainte Agnès qui s'enveloppe de son manteau pour mourir chastement ; sainte Perpétue et sainte Félicité offertes au taureau furieux ; sainte Marguerite qui fait son signe de croix dans la gueule du dragon.

Elle connaissait aussi les principaux passages des Evangiles ; là-dessus, elle eût fort bien pu en remontrer à beaucoup, car elle n'était pas de ceux qui ont des oreilles et qui n'entendent pas, qui ont des yeux et qui ne voient point ; elle savait entendre et voir ; elle comprenait avec son solide bon sens l'esprit des paroles du Christ. Il avait dit : « Aimez-vous les uns les autres », et, à l'encontre de bien des gens, même des plus instruits et des mieux pourvus de science, elle n'ignorait point qu'il ne suffit pas de prononcer des phrases onctueuses et des prières gémissantes pour être charitable ; dans un temps où les cœurs n'avaient rien de tendre, où l'ignorance et la misère s'entendaient à faire du paysan une sorte de bête sauvage, Isabelle apprenait à ses enfants qu'il faut être bon et compatissant ; elle leur enseignait à reconnaître Dieu sous les haillons du pauvre ; elle fit plus : elle leur donna de l'argent pour qu'ils le distribuassent en aumônes. Cette fille de la terre — la terre rapace, qui ne rêve que d'épargne — imposa silence en elle au vieil instinct de la race, et la callosité de son cœur, fondant à l'onction de la parole divine, se transforma en pièces d'argent que les petites mains de ses enfants laissaient tomber dans les paumes sales des malheureux.

— « Le Christ, qui est mort pour nous, veut que l'on soit bon », disait-elle.

Et le temps passait. La petite Catherine avait maintenant l'âge de garder les moutons, et Jacquemin, l'aîné, partait avec le père dans les champs. Isabelle demeurait seule à la maison avec les deux plus jeunes de ses enfants, dont Pierre, le dernier, n'était pas plus haut que les coffres et venait s'accrocher à ses jupes.

Elle entendait sonner tous les angelus et tous les offices de la vieille église ; elle entendait aussi l'appel des cornes qui servaient aux bergers à rassembler leurs troupeaux.

Quelquefois elle voyait passer en courant le vieux drapier qui tenait lieu de sonneur : il agitait ses bras débiles ; la cloche se mettait en branle, et la charpente du clocher gémissait ; il annonçait, avec la voix lugubre de son bronze, la destruction, le pillage, l'incendie, la ruine, le supplice ; des courriers étaient arrivés d'un village voisin pour avertir les habitants de Domremy que des pillards avaient été vus dans les environs.

Isabelle, sans hâte, sans trouble, devait alors arroser son feu, qui sifflait méchamment en remplissant le « poêle » d'une âcre fumée puante qui faisait pleurer les yeux.

Toutes les femmes de Domremy jetaient de même de l'eau sur leurs bûches, car elles avaient grand peur de l'incendie ; puis, rassemblant leurs enfants, elles s'armaient de pioches et de faux ; leur air dur, leurs mâchoires serrées montraient qu'elles étaient prêtes à défendre la maison et les bêtes.

Les bergers, qui avaient entendu le signal d'alarme, revenaient avec leurs troupeaux ; ils se demandaient s'il fallait emmener les animaux pour les mettre à l'abri dans l'île. Les laboureurs accouraient des champs.

Souvent la bande annoncée se composait de quelques pillards qui essayaient de se glisser dans les poulaillers et les étables ; on les en éloignait à coups de fourche. D'autres fois, c'était une troupe armée qui laissait tous les villages en flammes, et il fallait en hâte rassembler le bétail pour le mener dans un lieu sûr. Mais il arrivait aussi que le guetteur de Vaucouleurs, ou autres lieux, qui le premier avait jeté son cri d'alarme, s'était enivré d'hydromel, et, le sommeil l'ayant surpris dans son échauguette, il avait vu en rêve rouler des nuages de poussière et briller des armes au lointain de la route ; ou bien les reîtres, brusquement, avaient changé de direction.

Isabelle, le danger passé, rallumait son feu. Elle soufflait sur les bûches avec son long tube de bois, d'où sortaient les flammes qui se couchaient sur les braises et s'irisaient, bleues, jaunes, rouges. Son grand calme n'avait pas été troublé par la menace du péril.

Isabelle n'avait point de nerfs ; rien ne rompait son bel équilibre moral ; robuste, saine, bien plantée, large des flancs et ferme de cœur, elle était paisible et sûre comme une nef voguant sur la mer changeante. Les enfants couchés dans son flanc s'y trouvaient bien ; leurs petits cœurs n'étaient point forcés avant la naissance par les soubresauts du sein maternel, leurs petites têtes point travaillées par des visions démoniaques avant même d'avoir ouvert les yeux sur le monde ; et ces enfants-là naissent vigoureux, beaux et bons.

C'est ainsi que Jeannette vint au monde, entre deux pillages, dans un temps de meurtre et d'incendie, dans un pays plus exposé que tout autre, où les femmes contemplaient de si hideux spectacles qu'elles accouchaient parfois de monstres ou d'idiots.

Isabeau, elle, avait des enfants robustes et sains de corps et d'esprit.

CHAPITRE II

UNE NUIT, LE CIEL S'ILLUMINA SUR LA MAISON D'ISABELLE

Jeannette[1] vint au monde dans la nuit de l'Epiphanie, le 6 janvier 1412. Cette nuit-là, la chaumière bourdonna comme une ruche. Aveline était accourue de Sermaize, où elle avait laissé sa fille Jeanne, déjà grande, à la garde de son mari, Jean de Vauseul. Sans doute préparait-elle les bandelettes qu'elle allait enrouler autour du nouveau-né, comme les Egyptiens le faisaient autrefois autour de leurs momies, et l'huile de rose qui raffermit les chairs encore tout humides et tout attendries. Puis les commères qui, toujours, entouraient le lit des femmes en couches, durent emplir la maison ; elles étaient serrées dans

---

1. Aucun document ne permet de donner les dates exactes de naissance des enfants d'Isabelle, à l'exception de Jeannette.

Peut-être Pierre ou Pierrelot fut-il le dernier des enfants.

leurs mantes, car dehors il gelait à pierre fendre ; elles se montraient réjouies, néanmoins, apportant avec elles les pâtés, les gâteaux et les confitures qui aident à veiller les morts et à attendre la venue des petits enfants.

Cependant, cette fois, les visages n'avaient pas leur sérénité accoutumée, et l'on ne songeait pas à mordre dans les lourdes pâtisseries villageoises ; les commères s'approchaient toutes de Jacques d'Arc ; elles parlaient avec animation : n'avait-il pas vu la lueur étrange qui éclairait la nuit ? On eût dit que le ciel était illuminé sur la maison d'Isabelle. Quel en pouvait être le présage ? Elles s'en montraient effrayées, discutaient, rappelaient des histoires merveilleuses où la nue s'était entr'ouverte et avait parlé pour annoncer des événements extraordinaires. Elles discutaient âprement la couleur de cette lumière incomparable : l'une la disait bleue comme le manteau de la Vierge et toute parsemée d'étoiles ; l'autre la voulait d'or, et plus brillante qu'un ostensoir entre les cierges, aux jours de fête.

Et toutes en même temps s'étonnaient, se sentant saisies d'une grande joie dont elles ne pouvaient s'expliquer la cause ; elles se demandaient les unes aux autres : « Qu'est-ce donc qui se passe ? D'où provient cette allégresse que nous éprouvons tous ? »[1].

1. Déclaration du sire Perceval de Boulainvilliers à Philippe de Visconti, duc de Milan. — J. Quicherat. Procès, t. V, p. 116.

La flamme brûlait claire et joyeuse dans l'âtre énorme ; le petit enfant nu, trempé dans le baquet d'eau tiède, sentait sur sa chair tendre couler une bonne chaleur qui le réjouissait. Le feu égayait toute la chaumière.

Isabelle, ayant mis Jeannette au monde, ne dut se sentir en paix que lorsqu'elle la vit emportée vers la vieille église où la petite fille allait recevoir le sacrement de baptême, propre à la laver du péché qui l'avait mise au monde et à la délivrer à tout jamais du péril des limbes.

La chaumière était pleine de gens.

Il y avait là, outre la parenté des époux, les douze parrains et marraines de l'enfant[1] ; la coutume lorraine voulait qu'ils fussent nombreux. Presque tous portaient le nom de Jean ou Jeanne, et il devait être plaisant de les voir s'égayer autour du nourrisson, le secouer dans ses robes, lui apporter leur présent de linge, chercher déjà une ressemblance sur ces traits menus, et enfin suivre à l'église la porteuse, qui marchait d'un air glorieux, son poupon au poing et un compère au bras.

Isabelle, de sa couche, entendit la troupe joyeuse se bousculer et pousser de grands éclats

---

1. L'histoire nous a laissé les noms de quatre parrains et huit marraines ; l'un des avantages les plus précieux de la multiplicité de ces seconds pères et de ces secondes mères appelées « compères » et « commères » était de fournir, en l'absence de déclarations écrites, le maximum de renseignements sur l'état civil et confessionnel de l'enfant.
Histoire de Jeanne d'Arc, par Philippe-Hector Dunand.

de rire. Alors, grave, recueillie, elle la suivit en pensée ; elle imagina les parrains et marraines bredouillant leur latin, les cierges brûlant autour de l'enfant, et l'abbé Jean Minet, en blanc surplis, traçant le signe de la croix sur la petite figure offerte à la grâce du ciel.

Les cloches de l'église sonnaient ; cette fois, ce n'était plus un glas lent. Elles saluaient gaiement l'arrivée du cortège.

Plus que les autres encore, la petite Jeannette entendit de belles histoires et de pieuses recommandations, car sa sœur aînée Catherine aidait maintenant la mère, et prenait soin de l'enfant quand Isabelle n'en pouvait trouver le temps.

Les deux sœurs couchaient dans la même chambre.

Il y avait deux petites pièces au fond de la maison ; l'une, à droite, servait aux garçons, l'autre aux filles. C'était la plus petite ; une lucarne carrée ne laissait entrer que très peu de jour ; en face de la lucarne, le lit, étroit et bas, touchait la terre du sol. Il consistait en deux caisses placées l'une sur l'autre et reliées par de petites colonnettes droites, de façon à former deux étages superposés. Il y avait, auprès du lit, le coffre de bois où l'on pétrissait la pâte du pain, de l'autre côté le four. Mais la jeune fille et l'enfant, au matin, quand elles s'éveillaient, ne sentaient plus la bonne odeur de pain chaud qui sortait de sa grande bouche noire, car la maison en était tout imprégnée.

Le cimetière était là, après le pommier ; la lucarne jaune le regardait. « L'ombre des petites croix de pierre s'allongeait, au clair de lune, jusque sur le lit des enfants. » Elles n'en avaient point de peur, et voyaient sans trouble la forme noire de la croix s'étendre sur elles quand elles se glissaient entre les draps.

Toutes les jolies légendes qu'Isabelle avait contées au cours de la journée illuminaient la petite chambre, à la façon de ces lanternes peintes qui projettent dans la nuit leurs images colorées : sainte Anne, gravement penchée sur son lutrin, et lisant dans un livre tout enluminé, instruisait la Vierge ; puis c'était l'Annonciation ; l'Ange Gabriel se présentait à Marie éperdue, et il y avait entre eux des lis, des parfums incomparables...
— En entendant remuer les bêtes derrière la cloison, Jeannette pensait à l'âne de la crèche qui soufflait sur le petit Enfant-Dieu pour le réchauffer ; et il y avait aussi les Saints du Pays, dont Isabelle connaissait si bien les aventures merveilleuses : sainte Marine, sainte Marguerite, saint Remy, évêque de Reims, patron de la paroisse.

Puis des bribes de conversations entendues travaillaient la petite tête de l'enfant ; des mots qu'elle ne comprenait pas l'emplissaient d'une vague épouvante : Cabochiens, Armagnacs... — les morts n'avaient plus de sépulture... — Azincourt : les chevaliers francs, embourbés jusqu'au poitrail de leurs palefrois caparaçonnés, avaient succombé sous les flèches des grands archers anglais... — Puis Jésus revenait, portant son agneau bouclé sur son épaule ; ou bien, écartant les docteurs aux longues barbes, il disait : « Laissez venir à moi les petits enfants. »

Alors, Jeannette, consolée, refermait les yeux et rêvait qu'elle dormait sur son épaule.

La vie était paisible et laborieuse en la chaumière de Jacques et d'Isabelle.

Leurs frères et leurs sœurs étaient maintenant tous établis. On songeait même à marier Jeanne, la fille d'Aveline, avec Durant Lassois, ou Laxart, qui habitait Burey-le-Petit.

Le curé de Sermaize, Henri de Vouthon, probablement frère d'Isabelle, avait attiré dans sa paroisse, en l'an 1416, son autre frère, Jean, qui s'y était installé avec sa femme Marguerite Colnet ; il exerçait le métier de couvreur ; il tressait des pailles et montait sur les maisons, d'où l'on contemple les forêts et les collines qui chevauchent l'horizon.

Aussi voyait-on souvent Isabelle et les siens prendre le grand chariot des voyages et s'en aller visiter leurs parents.

Ces jours-là, Isabelle devait avoir le visage particulièrement animé, car la pensée de véhiculer sur les grands chemins, fût-ce même au péril de ses jours, ne laissait pas de lui plaire. Elle aimait à voir le ciel des routes glisser au-dessus de sa tête au lent cheminement du chariot.

On attelait sans doute les gros chevaux, plus habitués à enfoncer dans les terres grasses des labours qu'à tirer une voiture pleine de monde, et la mère enjambait le haut marchepied. Elle fût montée aussi bien sur le dos de l'une des bêtes, s'il n'y avait eu les enfants qui n'auraient pu y trouver place ; et ils s'en allaient tous, cahotant, versant dans les ornières, aventurés à tous les dangers du voyage, et point sûrs de ne pas retrouver au retour les coffres pillés et la chaumière incendiée.

D'autres fois, au contraire, leurs parents les venaient visiter. Dès le matin, Isabelle préparait le repas, aidée de Catherine, qui brassait la pâte à grands bras et frottait les plats d'étain ; on entendait les poules crier sous le couteau d'Isabelle ; puis les plumes volaient dans la cour, le porc sortait du saloir de pierre, les tartes s'amoncelaient sur la table ; ce devait être la petite Jeannette, droite devant l'énorme cheminée, qui tournait la broche en se cachant le visage derrière un écran pour se protéger de la flamme, elle aussi qui étendait sur la table, la nappe à raies de couleur et à franges, si longue qu'il fallait la replier pour qu'elle ne traînât point à terre [1]. La grande sœur aidait l'enfant, dont les petits bras ne pouvaient suffisamment s'étendre, et lui attrapait les écuelles rangées trop haut dans le placard du mur. Il n'en fallait mettre qu'une pour deux convives, car l'usage voulait qu'on plaçât toujours un homme à côté d'une femme, qui mangeait dans l'écuelle de son voisin et buvait dans son verre [2]. Ce devait être une joie pour la petite fille de confectionner, à l'intention de chacun des invités, une salière dans un morceau de pain qu'on posait à leur place.

Isabelle veillait à ce que l'enfant n'oubliât point d'apporter sur la table la corbeille du pauvre, où l'on mettait les reliefs du repas, que l'on donnait ensuite aux malheureux, afin qu'ils eussent, eux aussi, leur part du festin.

Puis les convives arrivaient ; ils étaient à cheval, avec leurs femmes en croupe ; ou bien, s'ils avaient de la famille et s'ils étaient riches, ils se faisaient traîner dans des chariots.

Tous les parents se voyaient rassemblés. Ils en avaient une grande joie ; ils se retrouvaient cha-

---

1. C'est de là que vient le nom de « doubliers », sous lequel les nappes furent désignées pendant longtemps.

2. Même sur les tables les plus somptueuses, il n'y avait qu'une coupe ou qu'un gobelet et qu'une écuelle par couple ; c'est ce qui s'appelait « manger à la même écuelle » ; quand il y avait seize convives, on disait : « Le repas fut de huit écuelles ».

que fois plus nombreux, et cherchaient des ressemblances aux visages des enfants, qui jouaient à l'ombre des pommiers, devant les petites croix de pierre. Puis les hommes sortaient les couteaux qu'ils n'avaient pas manqué d'emporter dans leurs poches, et l'on se mettait à table. Les longs pieds des chausses enchevêtraient leurs pointes retroussées. Le jour jaunâtre qui passait par l'unique fenêtre à petits carreaux n'éclairait pas le fond de la chaumière, et les rideaux à damier qui entouraient le lit se voyaient à peine, cependant que les gros coffres rendaient l'ombre plus épaisse. Deux lueurs verticales s'allongeaient aux branches des landiers, et la grande flambée dansante de l'âtre rougissait le voile des femmes et la casaque des hommes qui lui tournaient le dos.

La terre faisait tous les frais de la conversation. On parlait des moissons, du prix des champs et des bêtes, de la qualité du sol, qui se plaît tantôt à la luzerne et tantôt à l'avoine, qui veut des labours profonds ou, au contraire, n'offre au laboureur qu'une mince couche de terre arable et ne nourrit point la semence jetée à des sillons trop creux. Jacques d'Arc, maintenant, était plein d'expérience, et discourait de son grand air grave et calme qui en imposait à tous. Alors on s'émerveillait de sa fortune et de son bonheur.

Il avait acheté le Bois-Chenu, qu'on apercevait de sa maison, sur la colline ; il possédait environ vingt-quatre arpents de terre, dont huit de bois et huit de prés ; il avait des vaches dans l'étable, des chevaux à l'écurie, des porcs sur la route, des poules au gélinier ; dans tous ses travaux, une femme active et sage le secondait. Elle lui tenait sa maison en ordre ; elle avait élevé les garçons et les filles sévèrement, comme de braves enfants doivent l'être, mais avec beaucoup de soins et de religion, et quand les fils n'avaient plus été en âge de rester avec les femmes, le père les avait trouvés bons, doux et pieux, tels enfin qu'il les faut pour réjouir le cœur du chef de famille.

Pour les filles, demeurées sous sa dépendance, Isabelle n'avait point non plus à s'inquiéter ; Catherine, déjà, montrait qu'elle serait courageuse, adroite et sage, et tout portait à penser que la petite Jeannette suivrait l'exemple de sa sœur.

Jacques d'Arc n'avait donc en son foyer que des sujets de contentement et de plaisir ; il en convenait et en rendait grâces au Seigneur. Sa joie, cependant, n'était pas entière : les combats entre Français et Bourguignons ensanglantaient les environs. En juillet 1419, le damoiseau de Commercy, Robert de Saarbruck, qui, pour éclairer sa marche la nuit, brûlait les moissons, avait livré combat à Maxey-sur-Meuse, près de Domremy. Thiesselin de Vittel, un des parrains de Jeannette, avait été fait prisonnier. De plus, les chefs de bande ne cessaient de rançonner lourdement le pays.

Isabelle et Jacques avaient grand'pitié du

royaume de France ; ils s'apitoyaient sur la détresse du Dauphin, si pauvre que, pour festoyer, il n'avait, disait-on, qu'une queue de mouton et deux maigres poulets sur sa table ; il était trahi, abandonné, et son bottier refusait de lui tailler des bottes, de peur de n'en être point payé.

Des plaintes montaient sous les poutres basses de la chaumière : ce proscrit qui fuyait de ville en ville, c'était le Roi des Français, l'héritier légitime du trône, tandis que l'autre n'était que le roi des Anglais, le chef des envahisseurs, de ces odieux et insolents conquérants qui devaient leur victoire à la trahison d'une femme.

Ainsi gémissaient ces paysans heureux, qui regardaient au delà de leurs terres fertiles et de leur propre félicité.

Isabelle voyait en Charles VII la figure douloureuse du Christ couronné d'épines ; comme lui, il était moqué, bafoué, méprisé. Les enfants, immobiles, écoutaient ce que l'on disait du gentil Dauphin, errant, proscrit, et ils le paraient de toutes les vertus. Les paroles d'Isabelle pénétraient lentement le cœur de la petite Jeannette.

Cependant la gaieté revenait au festin, et les habitants de Domremy, qui voyaient sortir du chaume la fumée bleue plus épaisse qu'à l'ordinaire, se disaient entre eux que l'on devait faire bonne chère chez Jacques d'Arc ; les pauvres, alors, se réjouissaient en pensant à la corbeille où ils allaient trouver de gros morceaux de tarte et de pâté ; et les gens n'étaient point jaloux de les savoir heureux. Ils se répétaient, au contraire, les uns aux autres, la grande sagesse du laboureur, la charité d'Isabelle et la révérence des enfants envers leurs parents. Beaucoup avaient vu la paysanne s'en venir les soigner au cours de maladies qui les laissaient gisants sur leur grabat ; elle connaissait le secret de breuvages aux herbes qui apaisaient les fièvres et donnaient de la force. Elle apportait des linges aux femmes en couches, veillait les pauvres qui n'avaient plus de famille et dont nul ne se souciait, et allait chercher le prêtre quand la mort s'approchait d'eux. Elle se faisait accompagner de sa fille Catherine, à qui elle apprenait à être bonne et secourable.

Les hommes, eux, s'émerveillaient de la science de Jacques d'Arc. Il savait lire tous les écrits qu'on lui portait, et sa parole était aisée, éloquente, pleine de sens et de sagesse ; il eût parlé sans trouble devant un magistrat ou un grand seigneur ; et quand on était affligé d'un procès, il démêlait sans effort ce qu'il y avait de plus obscur et de plus embrouillé dans l'affaire.

Ils se disaient ces choses, et dans leur esprit germait la pensée de le prendre pour Doyen, quand celui qu'ils avaient se serait retiré de sa charge.

*
* *

En 1423, réunis à l'église, ils l'élirent à cette fonction, qui en faisait un magistrat venant immédiatement après le Maire et l'Échevin. C'était lui qui devrait convoquer désormais les habitants de Domremy aux assemblées électorales et aux plaids. Il était chargé de la collecte des tailles, rentes et redevances, préposé à la surveillance du pain, du vin et autres denrées, ainsi qu'à la vérification des poids et mesures.

On vit alors les paysans pousser sa porte et soumettre à son jugement des contestations, des disputes et des plaintes qui ne valaient pas la peine d'être portées au Maire ou à l'Échevin. Le bout pointu de leurs chausses se cognait aux bancs, et il leur arrivait, dans l'excès de leur fureur, de jurer par les cornes du diable ou le saint nom de Dieu. Jacques d'Arc, alors, se signait avec épouvante et imposait silence aux blasphémateurs.

Assis sur le plus haut de ses coffres, il était grave et attentif. Quand il s'agissait de vol, il invoquait les coutumes, pleines d'une hautaine équité : le berger qui gardait mal son troupeau, le vagabond qui dévastait un champ, avaient l'oreille coupée. On abattait la main qui usait d'une fausse mesure.

D'autres fois, des gens s'en venaient réclamer

une réduction de leurs impôts, disant qu'ils payaient trop cher, que le cens et la gabelle les ruinaient ; ils étaient accablés de charges ! le maréchal-ferrant, qui, tout le jour, tapait des clous, prétendait qu'il ne ferrait pas six chevaux par semaine ; le vannier affirmait qu'il ne vendait plus ses paniers ; ils se lamentaient, levaient les bras au ciel, secouaient leur chapeau, trouvaient toujours de nouvelles raisons pour ne point bailler leurs pauvres sous à l'agent du fisc ; les plus communes étaient les bêtes malades, la pluie, la grêle, le soleil ou l'orage.

Jacques d'Arc portait à la Généralité l'argent de la perception. C'était alors un homme fort important, qui voyageait sous bonne escorte, et avec de grandes précautions, car, plus qu'aucun autre, il devait craindre les hasards de la route.

Sans doute était-il vêtu d'une belle robe quand il se rendait à l'église afin d'y assister aux réunions de la commune et de prendre part aux délibérations du Maire et de l'Échevin. De la maison d'Isabelle, on entendait l'éclat des voix.

La grande femme y prêtait peu d'attention ; elle pensait à sa fille Catherine, qui serait bientôt en âge de se marier. Déjà, en 1419, Jacquemin avait fondé un foyer et s'était établi à Vouthon, dans la ferme des grands-parents, là où Isabelle avait passé toute son enfance, et quand il s'était éloigné avec la nouvelle épousée, refaisant en sens inverse le chemin qu'Isabelle avait parcouru elle-même au lendemain de ses noces, la paysanne avait dû revoir en sa pensée la maison familiale où il allait pénétrer pour en devenir à son tour le maître et continuer la tradition des défunts.

Ainsi, déjà, s'éloignaient les enfants, et Catherine rougissait quand, devant elle, on venait à parler de fiançailles.

Et la vie allait, paisible, heureuse, bien que la guerre fût à l'entour et que le village se vît souvent traversé par des écumeurs de grand chemin ou des reîtres échappés des armées.

Isabelle, du matin au soir, avait le corps à la peine. Catherine et elle se partageaient la tâche au foyer, cependant que la petite Jeannette « chassait » les gros chevaux, ramassait la faîne dans le bois, ou rapportait les fagots que dévorait la grande cheminée du « poêle ».

Quand elle rentrait, les oreilles encore toutes pleines du grand bruit des feuilles agitées par le vent, Isabelle était à son rouet. Alors, s'étant déchargée de son fardeau et ayant jeté sa grosse cape de laine à un banc, l'enfant s'asseyait sur un escabeau et demandait un conte. Isabelle devait fermer un instant les yeux et se recueillir pour chercher en sa mémoire quel était le plus beau.

Cette paysanne savait qu'il faut nourrir les âmes aussi bien que les corps, et ayant travaillé tout le jour, un peu rude et autoritaire, le soir, à l'heure où les autres ménagères ne songeaient qu'à s'aller terrer comme des bêtes dans leur couche, elle faisait descendre le rêve dans la petite tête de ses enfants ; elle ménageait une place à l'idéal ; elle n'avait pas appris à lire ni à écrire, ainsi que tant de dames de haut lignage, mais elle n'était pas pour cela de ces ignorantes tout abandonnées aux travaux manuels, et qui ne connaissent rien à ce qui n'est point leur quenouille et leurs commérages. Elle était fille de bonne famille ; sa mère l'avait bercée de chansons et attendrie de récits ; elle s'en souvenait maintenant, pour émouvoir à son tour et édifier par de touchants exemples les enfants suspendus à ses lèvres. Elle connaissait la légende d'Éponine et Sabinus ; elle en connaissait d'autres encore, qui étaient bien plaisantes et qui, la nuit, faisaient rêver.

Le pied à la pédale de bois et la main tournant le fuseau, elle contait la touchante histoire de sainte Marine, dont la statue était honorée à l'église du village. Un jour, son père l'avait habillée en garçon afin qu'elle pût l'accompagner dans le monastère où il se retirait ; les bons moines, sans méfiance, avaient reçu les deux étrangers ; ils s'étaient bientôt attachés au moinillon gracieux, pieux et pensif. Mais, un matin, certaine fille du voisinage s'était plainte d'être grosse ; une pieuse indignation avait soulevé le monastère ; la fille avait tué son enfant, puis elle était morte en maudissant son séducteur. Quel était-il ? Tous les moines se jetaient les uns aux autres des regards méfiants. Le moinillon était si mignon, il avait un air si ingénu qu'on l'avait bientôt soupçonné. Pour se justifier, la pauvre petite vierge n'avait qu'un mot à dire ; mais son père avait quitté ce monde sans la délier de son serment : elle se tut et fut chassée. Pendant trois ans, elle resta devant la porte du couvent, mangeant des racines, buvant de l'eau des fossés ; elle aima mieux mourir que de trahir son secret et de quitter l'habit d'homme qu'elle s'était engagée à porter.

Isabelle racontait encore d'autres histoires tout aussi belles et aussi touchantes ; puis, quand elle avait fini de parler et qu'on n'entendait plus dans la chaumière que le bruit monotone de la pédale, elle voyait le reflet de ses légendes dans les yeux de la petite Jeannette assise sur son escabeau.

Quand venait l'été, les maisons laissaient leurs portes ouvertes ; l'odeur de l'étable entrait dans le « poêle », et les femmes apercevaient la Meuse, de l'autre côté de la route. Jeannette jouait avec sa petite voisine Mengette en-dessous du pommier. Les voitures et les gens qui, sans arrêt, traversaient le village, défilaient devant elle.

Ah ! Cette route qui allait à Bar-le-Duc, en passant par Ligny et Gondrecourt, cette route qui menait en Bourgogne et qui en venait, que ne voyait-elle point rouler ou marcher sur elle en l'espace d'un seul jour ! Domremy, un village perdu des marches de Lorraine ? Qui a dit cela ?

N'avait-il pas, tout à côté de lui, les garnisons françaises de Gondrecourt, Vaucouleurs et autres lieux ?

Du matin au soir, de braves et honnêtes hommes d'armes qui s'en revenaient de leurs expéditions guerrières en Bourgogne la martelaient du pas de leurs gros brodequins ; ils avaient la mine farouche, le poil dur. Leur salade à visière était toute bosselée, et leur cotte de mailles, déchirée, retombait sur la garde de leur épée, une épée si lourde que le poids en était plus redoutable que le tranchant du fer, et qu'ils ne la pouvaient, disait-on, lever plus de trois fois sur leurs ennemis. Ils portaient la lance, la dague ou la hache, des boucliers oblongs et des arbalètes dont ils se servaient maintenant pour viser les oiseaux du ciel. Des courriers pressés frappaient de leur houssine de gros chevaux qui refusaient le galop. Ils croisaient des cavaliers tout bardés de fer. On entendait s'entre-choquer sur eux les pièces de leur armure, et le cliquetis de leurs épées. On voyait traîner sur la route, dans un grand fracas, des bombardes qui avaient lancé la pierre de leurs boulets sur les cuirasses des seigneurs anglais montés sur leurs palefrois drapés qui s'étaient effondrés tout d'une pièce, comme des échafauds habillés d'étoffe, des coulevrines et des ribaudequins assemblés sur des châssis.

On les entendait, de loin, s'en venir, tel un orage qui eût roulé sur le sol, et quand ils arrivaient devant la maison, les plats tintaient au fond du placard et le fuseau tremblait dans la main d'Isabelle. Des soldats débandés se traînaient, le haut-de-chausses bouffant, des pillards, des gens de sac et de corde, dont l'approche faisait fuir les troupeaux. Ces écumeurs de grand chemin, redoutés et maudits, marchaient la jambe nue, et portaient leurs bas pendants à la ceinture ; ils chantaient en cheminant pour oublier la longueur du voyage. Quelquefois ils étaient suivis d'un chariot qui s'en allait avec eux rejoindre les armées. Les vieilles femmes y bavardaient en branlant la tête, les charretiers se disputaient, les ribaudes plaisantaient et riaient à grands éclats. Elles étaient assises au milieu des bagages des soldats, des vivres, des armes, de la batterie de cuisine, des chiens, des faucons, des perroquets.

Cette image de la guerre, la paysanne et ses deux filles l'avaient sans cesse devant les yeux. Elles en retrouvaient la méchanceté sur le visage tuméfié des garçons de Domremy qui s'en allaient de l'autre côté de la Meuse provoquer ceux de Maxey, qui étaient Bourguignons. Après ces « esbattemens », ils s'en revenaient en faire le récit à leurs parents ; ils rapportaient des bouts de chaperons ou de robes, qu'ils brandissaient comme si ces loques eussent été des bannières fleurdelisées. Il y en avait d'éclopés qui traînaient la jambe ou, farouches, appuyaient sur leur plaie un tampon d'étoffe boueuse pour empêcher le sang de couler.

Les femmes, tournées vers la Meuse, tendaient le poing aux Bourguignons maudits dont la marmaille avait mis leur progéniture en cet état, et lançaient contre eux toutes les malédictions. Certes, on n'aimait pas l'Anglais, mais combien on détestait davantage encore ce voisin dont on voyait fumer les chaumes, qui vous narguait du bord opposé de la Meuse, puis, la nuit, passant le fleuve, s'en venait voler les poules, allumer les meules, et dont on apercevait le chaperon ricanant entre les branchages des haies !

Du « poêle » où elles cousaient leurs robes, Isabelle et Catherine entendaient gronder les villageois.

Il arrivait, alors, que la porte fût poussée brutalement : Pierre et Jean, escortés d'une troupe de garçons, apparaissaient sur le seuil, la casaque tout arrachée, et tachaient le sol de leur sang.

Les deux femmes lavaient, pansaient les plaies.

Du sang, toujours... Jeannette pleurait, blottie dans un coin de la cuisine.

Les jeunes gens racontaient la bataille d'une voix précipitée ; Isabelle leur reprochait leur fureur ; mais eux demeuraient sombres, et serraient les poings.

CHAPITRE III

LE GRAND CHEMIN DE DOMREMY
EST UNE GRANDE ÉCOLE D'HISTOIRE

Et le défilé continuait.

Ainsi Isabelle et ses filles voyaient passer sur la route l'image de la guerre, et les garçons en apportaient la fureur jusqu'en leur maison paisible. La plus indifférente des villageoises était obligée de s'en préoccuper ; elle en entendait les cris retentir du côté de la rivière ; elle en reconnaissait la figure dans tout ce qui traversait son village ; les bombarbes et les coulevrines l'assourdissaient, et même après qu'elles avaient dépassé les dernières maisons, il fallait encore penser à elles en voyant les ornières béantes du chemin.

Dans ces ornières, au moindre signe d'accalmie, cahotaient et versaient de longues files de charrettes basses, attelées de douze chevaux, qui transportaient vers les Flandres les vins fameux des crus de Beaune ; par la même voie descendaient les draps d'Ypres et de Gand. On y rencontrait aussi des voyageurs pressés, des marchands de bestiaux qui poussaient leurs troupeaux devant eux, des fondeurs de cuivre des environs de Bourmont, pleins de lucre et de convoitise, qui souvent se faisaient assassiner à la corne d'un bois, et dont on retrouvait la robe pendue à un arbre et vidée de ses lingots.

Il y avait de muets cortèges : c'étaient des personnages ecclésiastiques montés sur des mules, et ils mettaient sur la route une joyeuse sonnaille de grelots. Souvent arrivait Colette Boilet, abbesse du couvent de Besançon, fille d'un charpentier de Corbie, qui avait vu s'agenouiller devant elle le Pape Benoît XIII. Réformatrice des Clarisses, elle se rendait sans cesse des maisons de Flandre aux maisons de Bourgogne.

Les charretiers faisaient referrer leurs chevaux ; l'auberge versait son vin et son hydromel à ceux qui avaient soif, et les voyageurs contaient les plus récentes nouvelles. Les pauvres, en tendant la main, disaient ce qu'ils avaient vu au long de leur chemin ; il y en avait de si las et de si poussiéreux qu'Isabelle, abandonnant son rouet, les faisait asseoir et leur donnait à manger. Puis, quand ils s'étaient reposés, ils se mettaient à parler ; ils se lamentaient sur les soldats navrés, les villages incendiés, les trahisons, les meurtres, les famines.

Et ainsi arrivait à Domremy « la grande pitié qui était au royaume ».

Alors, dans les chaumières, on se répétait la prophétie de l'enchanteur Merlin : « Une femme a perdu la France, une vierge des marches de Lorraine la délivrera ».

Puis le soleil baissait à l'horizon, les cuirasses de fer rougissaient sur la selle des chevaux où s'allumaient des dorures, les roues des chars faisaient tourner des rayons de feu, les pierres du chemin se hérissaient. Mais bientôt tout s'éteignait, les brumes s'étendaient, les voyageurs, les marchandises n'étaient plus que des ombres... Enfin la nuit tombait sur eux... Et toujours ils passaient.

Dans la maison de Jacques d'Arc, on voyait glisser des lueurs rougeâtres de lanterne par les petits carreaux plombés de la fenêtre ; Isabelle allumait la lampe pendue au bout d'une tige de bois enfoncée dans le côté de la grande cheminée ; sa mèche fumeuse baignait dans de l'huile noire. C'était l'heure paisible et douce de la veillée ; tout le jour on avait souhaité qu'elle arrivât ; on se souvenait des légendes de la veille, et l'on attendait celles du soir.

*
* *

Jacques d'Arc et Isabelle s'asseyaient au coin de la cheminée ; Jeannette se glissait, « comme un petit grillon », sous l'énorme hotte fumeuse,

entre les hauts landiers et les grosses marmites
dont le ronronnement s'apaisait ; les trois autres
enfants tiraient les bancs et faisaient cercle devant
l'âtre ; on voyait briller leurs yeux, et la lampe
éclairait de lueurs jaunâtres des pans d'étoffe et
des morceaux de chausses patiemment reprisées.

C'était l'heure des loups et des beaux contes
enchantés qui faisaient parler les bêtes ; quelquefois la neige tourbillonnait derrière les petits carreaux, ou bien le vent soufflait dans la grande
cheminée et l'on entendait frissonner le feuillage
d'un arbre ; on eût dit une cascade d'eau vive.
Une vache, de l'autre côté de la cloison, beuglait
doucement, et la poule du gélinier gloussait, avant
de s'endormir, sur son perchoir. Des paysans
poussaient la porte du seuil, et les flammes se
couchaient sur les bûches ; ils étaient tout enca-
puchonnés dans leur chape[1], et apportaient le
froid de la route avec eux. On se poussait pour
leur faire place auprès du feu. Il y avait là des
marraines de Jeannette : elles croyaient aux fées,
et disaient les avoir aperçues en s'en allant chercher du bois non loin de l'Arbre des Dames.
Leurs yeux émerveillés avaient tissé la robe de
l'apparition dans un nuage rose, et il avait suffi

---

1. Au commencement du xve siècle, le vêtement des hommes
était encore fort court et fort ajusté.
Pour se préserver du froid ou de la pluie, ils avaient une
chape, grande pelisse à manches d'une étoffe imperméable.
Les gens du commun la portaient troussée en bandoulière
ou pliée sous le bras quand il ne pleuvait plus.

d'un murmure du vent dans les feuilles pour leur persuader qu'elles entendaient quelque mystérieux chuchotement.

On s'entretenait des nouvelles apprises au long du jour ; Isabelle rapportait les paroles des mendiants qui étaient entrés dans la maison ou des voyageurs qui s'étaient reposés à son feu. Une grande tristesse se peignait sur les visages au récit des maux du royaume. Puis Jacques d'Arc, relevant la tête, commençait l'une de ces longues histoires qu'il contait si bien. Il en connaissait beaucoup de très belles, mais la plus merveilleuse était peut-être la légende de l'origine du Puy, ce lieu de pèlerinage le plus révéré de France. Cette fois, ce n'était pas Isabelle qui parlait ; elle avait cédé la place au chef de famille et se taisait respectueusement, cependant que, grave et lent, la main levée et le visage éclairé par la lampe, il commençait son récit. Il parlait le français fort aisément, ainsi que tous les siens, mais quand il était dans sa famille, il se servait du patois, ou plutôt du dialecte lorrain.

Et il s'exprimait dans cette langue étrange aux sonorités un peu sourdes et lentes, mais franches et profondes ; par instants, l'allure de la phrase avait quelque chose d'ironique ; on était surtout charmé par la musique de l'intonation, la fermeté de la première syllabe, la mélopée bizarre de la phrase entière, la douceur vibrante et triste qui prolongeait la dernière note.

Jadis, disait Jacques d'Arc, au sommet du mont Anis, s'élevait un temple dédié à Diane chasseresse ; aux environs de ce temple, des maisons s'étaient groupées, formant un bourg qu'on appela Anicium.

Il y avait en ce temps-là, proche la petite rivière de la Borne, une femme dévote qui était affligée d'une fièvre quarte et en eût trépassé, si la bonne Vierge ne l'avait prise en pitié. Marie la visita donc, une nuit, et lui ordonna : « Lève-toi, ma fille ; rends-toi au plus tôt sur la montagne Anis ; c'est là que je veux te délivrer de ton mal. » Dès le matin, la dame se fit porter sur la montagne ; alors elle y remarqua une pierre large et carrée qui servait d'autel. Elle s'y reposa, et le sommeil la prit ; aussitôt la Vierge lui apparut de nouveau. — « C'est ici », lui dit-elle en lui montrant la place où elle voulait qu'un oratoire fût élevé, « c'est ici que, te réveillant, ton mal s'en ira ». — Ce qui arriva en effet. La matrone fut bien contente ; dans sa joie, elle informait tous ceux qu'elle rencontrait de ce miracle, et elle ne manqua point d'en avertir saint Georges, qui prêchait alors l'Évangile dans le Velay.

Saint Georges, suivi de la dame et du peuple, se rendit sur le mont Anis ; on était au plus fort de l'été, et ils avaient tous bien chaud. Ils fondaient aux rayons du soleil, qui brûlait comme un feu d'enfer, et s'épongeaient avec des pans de leurs robes. Or, chose merveilleuse, de la neige bleue étincelait au sommet de la montagne ; et, « comme s'il pouvait rester encore quelque doute dans l'esprit de l'assistance sur les volontés d'En-Haut, tout à coup apparut un cerf qui, dans une course rapide, se mit à tracer sur la neige le plan de l'édifice et disparut ensuite, sans qu'on pût savoir d'où il était venu et comment il était parti... »

Saint Georges se trouvait bien embarrassé, car il était très pauvre et le cerf ne lui avait pas dit qui lui donnerait de l'argent ; tout ce qu'il put faire fut de planter une haie à l'endroit où la bête était passée ; bientôt le bruit de ce miracle se répandit ; saint Martial, apôtre d'Aquitaine, vint en pèlerinage au mont Anis et y dressa un autel à la Vierge.

Mais la Bonne Dame du Ciel avait hâte de voir s'élever son oratoire, et elle pria une matrone de Ceyssac de le faire savoir à l'Évêque ; c'était vers l'an 500 ou 570, sous l'épiscopat de saint Évode, ou saint Vosy, ainsi qu'on l'appelait communément dans le Velay. Saint Vosy bâtit une église ; alors, il fallut la consacrer. L'évêque partit donc pour Rome avec Scutarius, qui avait présidé à la construction de l'édifice. Les deux hommes avaient à peine fait une demi-lieue qu'ils rencontrèrent sur les bords de la Loire, près de Coursac, deux vénérables vieillards, vêtus de blanc, graves et mystérieux.

Étonné, Vosy leur demanda qui ils étaient et quels motifs les avaient décidés à venir dans ces montagnes.

L'un répondit : « Nous arrivons de Rome et sommes envoyés par le Saint-Père pour vous remettre de sa part ce que nous portons. » — Il dit, et leur tendit deux petits coffrets remplis de reliques. Puis il ajouta : « Prenez-les avec respect ; quittez vos sandales, et allez déposer religieusement ce trésor dans l'endroit du sanctuaire qui vous paraîtra le plus convenable. Votre voyage est désormais inutile ; la main des hommes ne doit point consacrer le temple du mont Anis : aux Anges seuls est réservé cet insigne honneur. Telles sont les volontés de Dieu ; pour que vous ne doutiez pas de mes paroles, je vous annonce qu'au moment où vous vous présenterez devant l'église, les portes s'ouvriront d'elles-mêmes ; tout l'intérieur du temple sera resplendissant de torches, de flambeaux, de cierges ardents. Vous entendrez une harmonie céleste, et vous sentirez le doux parfum de l'huile divine qui aura servi à la consécration faite par les Anges »...

A ces mots, les vieillards disparurent, laissant Vosy et Scutarius le visage levé vers le ciel où ils cherchaient vainement la trace de leur passage, les mains écarquillées et tremblantes en-dessous des deux coffrets qu'elles soutenaient. Ils mirent longtemps à revenir de leur surprise. Cependant ils ne pouvaient douter de la réalité de l'apparition, puisqu'ils tenaient encore dans leurs paumes les présents des deux mystérieux inconnus.

Ils firent prévenir le peuple de ce qui venait d'arriver ; à cette nouvelle, on accourut en foule au-devant des saintes reliques si merveilleusement apportées ; puis chacun s'achemina vers la montagne ; alors, à mesure que les gens montaient, ils entendaient des cantiques sortir de la basilique ; on eût dit que toute une ville s'y était assemblée, et les voix étaient si pures qu'elles émerveillaient. Quand ils avaient été au moment d'entrer dans l'église, les portes s'étaient ouvertes d'elles-mêmes ; les cloches sonnaient à toute volée, et les milliers de cires qui brûlaient dans les candélabres avaient ébloui leurs regards. Cependant, l'église était vide, et il y flottait d'ineffables parfums. Le peuple avait recueilli les bouts des cierges allumés par les Anges, et beaucoup de personnes en possédaient encore ; ils brûlaient en répandant un parfum divin.

⁎⁎⁎

Telle était l'une des plus belles histoires que Jacques d'Arc racontait à la veillée, et, la nuit, les enfants rêvaient qu'ils entraient dans la grande église illuminée où chantaient les Anges.

Puis le matin, au réveil, la maison était tout

enveloppée de brouillard. On eût dit que des fées étaient venues pendant la nuit l'entourer mystérieusement de mousselines blanches qu'elles avaient accrochées aux arbres et tirées jusqu'à la Meuse, dont on ne voyait plus briller les eaux. Ces brumes matinales étouffaient le bruit des chars qui continuaient de passer sur la route.

Alors, il fallait se préparer pour le travail de la journée.

Souvent, des fêtes en venaient rompre la monotonie. Celle du Lætare, aussi appelée Journée des Fontaines, faisait battre le cœur des jeunes filles. Elle avait lieu à l'approche du printemps, au moment où la terre se réveillait ; la sève gonflait les jeunes pousses, et les nids retrouvaient leurs chansons. La veille du jour du Lætare, les garçons du village montaient jusqu'à l'Arbre des Fées et lui cueillaient de grands rameaux, les plus grands, les plus hauts qu'ils pouvaient atteindre, car on disait que ces branchages portaient bonheur, et les amoureux les destinaient à la jeune fille qu'ils aimaient. La nuit, ils allaient déposer leurs bouquets devant sa fenêtre. Ce n'étaient pas des branches, mais des arbres tout entiers qu'ils portaient entre leurs bras, et leurs pas faisaient dans la nuit un grand bruit de feuilles, comme si la forêt s'était mise en marche pour fleurir les vierges qui, de leur lit, l'oreille aux aguets et le cœur palpitant, devinaient le beau présent d'amour qui s'avançait vers elles.

La petite Jeannette, enfouie sous ses couvertures, voyait Catherine se soulever doucement sur sa couche et se glisser jusqu'à la fenêtre ; le sein de la jeune fille devait haleter dans l'attente de l'amoureux et la crainte qu'il ne vînt pas : mais il venait ! Il déposait son offrande en silence, dans la nuit ; il restait muet. Cependant il se doutait bien qu'on épiait sa venue de derrière la lucarne, et la jeune fille, heureuse, retournait se blottir dans le nid chaud de ses draps. Alors, pour cette joie de l'aînée, la petite Jeannette aimait beaucoup la fête du Lætare.

Le lendemain dimanche, on se rendait à l'Arbre des Fées. C'était un hêtre superbe dont la ramure orgueilleuse tuait les pousses qui essayaient de prendre racine autour de lui. Son ombre fraîche se refermait sur les jeunes filles, qui riaient de se trouver soudain sous une voûte de feuilles vertes. L'Arbre les effrayait un peu : elles s'attendaient à voir son écorce ridée s'entr'ouvrir pour livrer passage à une fée, et à entendre son feuillage séculaire parler avec la voix des patriarches.

Tout le village s'en venait derrière les violoneux, qui le menaient, comme une noce, au pied du hêtre ; les commères, à bout de souffle, y tombaient assises. Puis les airs de danse faisaient tourner les beaux costumes ; les jeunes filles formaient des rondes ; leurs voix fraîches chantaient de jolies ballades ; les doigts tressaient des couronnes et des guirlandes de fleurs qu'elles accrochaient au hêtre ; aidées des garçons, elles confectionnaient un « homme de Mai », mannequin de fleurs qui personnifiait le Printemps.

Le soir tombait ; les fillettes anxieuses regardaient l'Arbre : il se déformait aux jeux de la lumière, et elles se serraient plus fort les unes contre les autres. N'était-ce pas une fée qui l'enveloppait de cette écharpe d'ombre qu'on voyait s'enrouler autour de lui ?... Puis son tronc se bossuait, se tordait ; il allait se fendre, s'ouvrir... Ne disait-on pas que les Fées s'y glissaient à l'heure des brumes qui, pour mieux les dérober au regard des hommes, les habillaient de leur impalpable tissu d'eau, et l'une des marraines de Jeannette n'avait-elle pas aperçu, un jour, la longue traîne d'une forme mystérieuse, et entendu ses petits pieds froisser les feuilles du sol ? Quand le vent faisait frissonner les hautes branches, les enfants croyaient que des mains invisibles déployaient des aunes de soie bruissante. Quand le soleil rouge se rapprochait de la terre, incendiant la broussaille du bois et rendant les fourrés plus noirs, les souffles s'écrasaient sur les petits cœurs haletants des fillettes qui répétaient : « Les fées... les fées !... »

Pendant ce temps, les plus grandes, tout heureuses d'avoir retrouvé le fiancé qui, la nuit précédente, les avait fleuries, se rendaient avec lui à la Fontaine des Rains, afin de s'y pencher et d'y

contempler l'image de leurs deux têtes accouplées. Des femmes cherchaient des coudriers,
pour voir s'il n'y avait point à leur pied la mandragore qui fait venir de l'argent[1]. La petite
Jeannette, alors, secouait la tête : sa mère ne lui
avait-elle point appris que c'était « chose mauvaise et nuisible à garder » ? sans d'ailleurs lui
dire à quoi cela servait. Elle s'éloignait de la
bande joyeuse et, plus fleurie que le hêtre lui-
même, s'en allait porter des couronnes à un oratoire en ruines qui se trouvait un peu plus haut
dans le Bois-Chenu. Elle s'attardait à y prier,
puis, arrivée à la maison, voyait Catherine encore
toute rougissante des promesses échangées devant
l'Arbre des Fées.

A la Fontaine des Rains, Jeannette préférait
une fontaine toute proche qui avait la réputation
de guérir les fièvres ; elle l'aimait pour sa gentillesse envers les malades. Isabelle lui avait expliqué qu'il faut être bon et compatissant, et elle
remerciait l'eau de soulager les pauvres corps tout
grelottants qui se confiaient à elle. Il lui arrivait
souvent de s'attarder à l'église ; elle en parait les

---

1. On prétendait au moyen âge que la plante poussait d'affreux gémissement quand on l'arrachait de terre. Les sorciers l'utilisaient pour composer leurs philtres. Ils emprisonnaient aussi les jeunes racines dans des sortes de moules
grossiers en argile. La plante ayant une croissance assez rapide, ces racines, charnues et épaisses, épousaient au bout de
peu de temps les contours du moule et prenaient les formes
les plus étranges, que les sorciers attribuaient à la volonté
infernale.

En réalité, la seule propriété de la mandragore est d'être
un des narcotiques les plus dangereux.

statues de fleurs. Et Isabelle ne se fâchait pas quand elle rentrait en retard, ne reprochait pas le temps perdu qui est de l'argent gaspillé. Cette paysanne dure et active ne pensait pas que les instants donnés à Dieu, dans la prière qui fait négliger le travail, fussent des instants mal employés. Mais, quand elle était revenue à la chaumière, l'enfant devait besogner durement.

Cependant que Catherine, à demi engloutie, par le manteau de la cheminée, allumait le feu, qu'Isabelle préparait le souper pour les hommes qui allaient rentrer, et que Jeannette posait les écuelles d'étain sur la table de bois, la cloche de l'église sonnait l'angelus ; alors, les trois femmes pliaient le genou et se signaient.

Mais elles avaient prononcé depuis longtemps les dernières paroles de la prière et la cloche, entêtée, continuait de se balancer ; elle sonnait, assourdissant la chaumière, faisant gémir la charpente du vieux clocher d'où fuyaient les oiseaux en jetant un cri sauvage ; et Jeannette, les mains jointes, l'écoutait, extasiée.

Comme il devait avoir les bras fatigués, le vieux drapier Perrin ! D'ordinaire, il n'apportait point tant de zèle en ses fonctions ! Isabelle hochait la tête et s'en allait au placard où elle rangeait ses pâtisseries : il en manquait plusieurs ; elle regardait l'enfant, qui rougissait, et elle comprenait pourquoi le vieux drapier tirait sur sa corde avec cet acharnement au lieu de s'en retourner auner ses draps : Jeannette, cette fois encore, lui avait donné des « lunes »[1] pour qu'il fût plus exact à remplir son office et prolongeât le tintement argentin des cloches qui était pour elle une musique céleste.

Les yeux de la paysanne devaient lancer un éclair : des « lunes » à cet homme ! Et pourquoi, mon Dieu ! pour un son, un son qui s'évapore dans l'air comme une fumée !

Mais la flamme du regard s'éteignait très vite : cette fois encore, la terre âpre et rapace était vaincue ; Isabelle ne grondait pas ; ce n'était point, cependant, qu'elle fût une mère complaisante qui se prêtait aux caprices de ses enfants ; mais elle ne jugeait pas que c'en fût un de vouloir entendre une cloche qui chantait à la gloire de Dieu.

Assez souvent, l'enfant ne rentrait pas seule au logis : elle ramenait avec elle un pauvre ou un petit enfant tout grelottant de froid et qui avait bien faim.

---

1. Les lunes étaient des gâteaux ronds. Certains copistes du texte latin ont écrit « lanas » au lieu de « lunas ». Jeannette aurait alors donné au drapier Perrin de la laine de ses brebis et non des pâtisseries.

Aussitôt les paysans s'empressaient auprès de lui ; Catherine le conduisait à la table de famille ; Isabelle lui apportait son pain le plus frais, le jambon du plafond, le fromage du saloir, le lait des brebis ; et lui, dévorant l'écuelle, s'étonnait de l'accueil et des égards, car, dans ce village exposé à tous les périls, l'on avait bien autre chose à faire que de s'apitoyer sur la misère de son prochain. Qu'importait que le froid bleuît le corps d'un petit enfant demi-nu et qu'un vieillard fût seul au monde, quand eux-mêmes attendaient le massacre, la ruine et le supplice ?

Alors, les pauvres, habitués aux injures et aux pierres, s'émerveillaient de voir le Doyen et ses fils s'écarter du feu pour leur céder la place, cependant que la grande femme au visage dur faisait réchauffer pour eux le plat de la table et leur offrait quelques « soupes »[1] trempées dans un peu de vin rose du pays. Puis, quand la corne de leurs pieds avait séché sa boue à la flamme claire, et que leurs chausses humides s'étaient raidies sur leurs cuisses, la petite Jeannette se glissait vers eux, et les tirait par la manche ; inquiets, ils résistaient d'abord : on ne les avait donc laissé

1. Tranches de pain que l'on humectait de bouillon, de sauce, d'eau, de vin ou de toute autre boisson.
« Jeanne d'Arc fist seulement mettre du vin dans une « tasse d'argent où elle mist la moitié d'eau et cinq ou six « soupes dedans, qu'elle mangea et ne point autre chose ».
Le mot « soupe » désigne maintenant un potage au pain et aux légumes, mais l'expression « tremper la soupe » a subsisté dans le langage populaire.

se chauffer à ce foyer que pour les rejeter aussitôt à la route durcie par les gelées de l'hiver ? Le feu, déjà, les avait rendus frileux, et tous leurs os frissonnaient ; le froid les attendait dehors, avec les loups affamés ; le vent hurlait, et, passant sous la porte, soufflait sur leurs pieds nus ; les malheureux louchaient vers la flambée, puis, le dos humble, résignés, se tournaient du côté du seuil. Mais Jeannette les poussait vers sa chambre ; elle ouvrait le petit lit ; l'enfant y sautait et s'y blottissait ; le vieillard y recroquevillait ses jambes raides et se frottait voluptueusement à la toile rèche des draps ; l'ombre de la croix s'agitait sur son vieux corps en liesse.

Et Jeannette, tout heureuse, revenait s'asseoir sur une méchante escabelle aux angles durs, où elle allait passer la nuit devant les cendres tièdes de l'âtre mourant. Ses parents la laissaient accomplir sa charité : Saint Martin n'a-t-il pas coupé la moitié de son manteau ? ce qui signifie que, n'en pouvant faire autant de son lit trop étroit, il l'eût donné tout entier. Cachés par leurs gros rideaux, au fond du « poêle » où ils couchaient, Jacques d'Arc et sa femme sans doute s'entretenaient à voix basse, avant de souffler la lumière.

Guillaume Front, le nouveau curé de Domremy, s'étonnait de l'application de Jeannette à l'église ; jamais il n'avait vu enfant aussi pieuse et aussi intelligente ; depuis qu'elle avait atteint ses sept ans, elle se confessait et communiait fréquemment, et il lui arrivait souvent de pleurer à l'élévation.

Certes, elle n'était point une perfection ; sa mère le savait mieux qu'aucune autre personne, qui devait combattre, et souvent punir sévèrement ses entêtements ; entêtée ! ah ! elle l'était à l'extrême ! Il y avait aussi en elle certaine répulsion à l'égard des vieilles femmes qui était fort vilaine ; sans doute les trouvait-elle cancanières et curieuses ; ou bien la barbe de leur menton... Il fallait la pousser pour qu'elle se décidât à leur tendre la joue.

C'était là, assurément, manquer de charité ; mais elle aurait pu avoir de plus graves défauts... et ses parents devaient remercier le Seigneur Dieu de ce qu'Il leur avait donné de doux et d'aimable en sa personne. En même temps, les d'Arc s'étonnaient un peu : on eût dit qu'elle protégeait la maison ; jamais il ne se perdait de moutons aux troupeaux qu'elle gardait, et le loup ne s'en approchait point ; quand elle était là, les animaux les plus sauvages s'apprivoisaient ; les petits oiseaux sautillants voletaient dans ses paumes chaudes comme un nid.

Les deux paysans, couchés sous leur édredon, entendaient son souffle calme s'en venir de l'âtre qui se refroidissait. Des vaches frottaient leur échine à la muraille. Là-bas, dans la chambre de l'enfant, le vieillard sentait fondre ses rhumatismes à la bonne chaleur du petit lit. Tout le monde était dans la laine et la plume, sur des couettes tendres... seule, Jeannette restait assise sur son siège dur...

D'autres fois, au lieu du pauvre ou du petit enfant transi, Jeannette ramenait à la chaumière Hauviette, sa jeune compagne, qu'elle aimait d'une douce amitié, la préférant à toute autre.

Hauviette couchait avec l'enfant ; puis, au matin, les deux fillettes s'en allaient visiter leur petit camarade Simonin Musnier, qui habitait tout à côté ; il était malade, et Isabelle leur donnait des remèdes qu'elles lui portaient.

Jeannette aimait les prés, les champs, les bois ; elle en sentait le charme. Le murmure du vent la ravissait ; elle lui donnait un sens : n'était-ce point un cantique à la Dame du Ciel ? Elle aimait l'âcre odeur du bois mouillé et des mousses fraîches, celle du sol humide où pourrissent les feuilles, la fumée bleue qui monte des huttes forestières, les vagues senteurs des fruits et des champignons cachés au pied des arbres.

Puis, au milieu de sa joie, elle se souvenait de ce qu'elle avait entendu conter, à la veillée, sur le gentil Dauphin et tous les pauvres gens du royaume de France : Jacques d'Arc et Isabelle pleuraient en pensant au mal que se faisaient les Français, les Anglais et les Bourguignons. Souvent, le soir, à la veillée, cependant que le Doyen contait ses belles légendes, des lueurs rougeâtres allumaient les petits carreaux de plomb : des hommes arrivaient, la torche au poing. Ils agitaient leurs chaperons pointus, annonçaient des bandes de pillards aperçues à deux ou trois lieues de Domremy, disaient les massacres et les incendies auxquels ils venaient d'assister. Quelquefois, la bande avait volé des chevaux, et tout ce qui était monté, à deux ou trois hommes sur la même croupe, serait là bientôt. Il fallait mettre les animaux en sûreté. Isabelle et ses deux filles entraient dans la bergerie, dans l'étable, dans l'écurie ; elles faisaient lever les bêtes étendues sur leur paille et dont le mufle humide remuait doucement en laissant pendre de l'herbe. On voyait l'ombre des femmes se démener sur les murs, à la lueur d'une lanterne de papier huilé. Elles poussaient les animaux dehors ; les garçons bridaient les chevaux, piquaient les bœufs ; le Doyen songeait à cacher l'argent des tailles et de la gabelle. De toutes les portes il sortait des vaches mugissantes, des cochons criards qu'on entendait renifler les immondices de la rue, des moutons et des volailles ; les lanternes couraient au ras du sol ; les femmes criaient après leurs poules et leurs dindons qu'elles poussaient du côté de la rivière. Jeannette rassemblait les troupeaux du village.

Il fallait faire passer toutes ces bêtes sur le bac qui menait dans l'Ile.

Les gaules sonnaient sur le flanc des vaches, qui demeuraient plantées au milieu de la route ; la rivière les effrayait ; elles reculaient en mugissant ; on voyait des ombres de corps pendus à la bouche des chevaux cabrés. Des femmes recevaient des croupes dans le flanc. Quelquefois des bêtes tombaient à l'eau ; leur ventre en frappait la surface lisse ; on entendait le bruit d'un lourd plongeon, puis elles nageaient vers la berge dans un grand ébattement de la rivière ; elles ne parvenaient pas toujours à remonter sur la rive.

En 1421 — Jeannette avait alors neuf ans — les Anglo-Bourguignons s'étaient avancés jusqu'à Gondrecourt et avaient battu les troupes du cardinal de Bar ; les éclaireurs étaient venus jusqu'à Domremy, et les paysans avaient dû abandonner leurs maisons ; tassés dans le château de l'Ile avec leurs troupeaux, ils se disaient les uns aux autres la barbarie de l'envahisseur. Bientôt ils avaient aperçu de longues flammes qui montaient vers le ciel : Domremy brûlait.

Mornes, le visage durci par la souffrance, ils assistaient à la destruction de leur village.

Ce qui se tordait là, devant eux, et s'évaporait en fumée du gigantesque bûcher qui encendiait la Meuse, c'était leurs coffres pleins d'habits, leurs robes de noces, les couettes molles de leurs enfants, les poutres de leur plafond. Où dormiraient-ils maintenant ? Les femmes se demandaient s'il allait leur falloir abandonner leurs nourrissons dans les champs et les laisser dévorer par les loups qui suivaient les pillards. Les vieillards se disaient qu'ils n'auraient plus la force de se bâtir une nouvelle demeure, et ils étaient résolus à mourir sur les décombres de l'ancienne.

Le feu gagnait de maison en maison, les toits de chaume s'enflammaient d'un coup, allumant les arbres qui brûlaient comme des torches ; les paysans, accrochés aux créneaux du vieux château branlant, tendaient le cou vers eux.

Isabelle était là, droite et calme au milieu des siens ; jamais on ne l'entendait prononcer la moindre parole déshonnête, et quand l'excès de la souffrance arrachait des blasphèmes aux lèvres de ses compagnons, elle se signait en demandant la grâce du pécheur.

Jeannette, à côté d'elle, avait de longues larmes qui lui coulaient sur le visage ; Isabelle la voyait frissonner à l'horreur des flammes et porter à ses lèvres l'anneau gravé des noms de Jésus et de Marie qu'elle lui avait donné une fois pour qu'il ne quittât plus sa main.

Quand les reîtres se furent en allés du village, les paysans y revinrent et en contemplèrent les décombres.

Le chaume des toits était retombé en cendre au milieu des maisons éventrées ; des morceaux

de lits et de coffres brûlaient encore avec un fris-
sonnement de reptile ; les poteries avaient éclaté.
Un vieillard paralysé crispait ses mains aux bras
de sa chaise ; il était assis droit et raide comme
s'il eût vécu encore ; son œil vitreux fixait un
point de la chaumière, un bandit sans doute, armé
de sa torche incendiaire et de la pique dont il lui
avait traversé le front. Des paysans qui n'avaient
pas fui à temps, la tête bleue et la langue sortie
de la bouche, pendaient aux branches des arbres ;
les pillards s'étaient amusés à les prendre pour
cible, et, quand on coupait la corde, des flèches
tombaient de leur casaque.

Isabelle s'en allait de l'un à l'autre ; quand un
pendu était chaud encore, aidée de Jacques d'Arc
ou de l'un de ses fils, elle le décrochait, le portait
dans sa maison miraculeusement préservée du feu,
lui secouait les bras, et, s'il revenait à lui, en avait
une grande joie. Elle aidait à ensevelir le vieillard
assassiné, lui baissait les paupières, roulait le lin-
ceul, allumait les cierges. Cette grande femme
rude regardait sans dégoût les plaies les plus vi-
laines, les morts les moins plaisants ; elle n'avait
pas le cœur mou de ceux qui se détournaient et
passaient leur chemin.

Quelquefois les reîtres avaient trouvé des tonneaux pleins d'hydromel et de vin dans les cel-
liers ou aux salles des cabarets, et ils s'étaient
saoulés à la lueur gigantesque de l'incendie, qu'ils
saluaient de leurs gros rires épais et de leurs chan-

sons obscènes. Ils ronflaient maintenant, couchés sur les bancs ou roulés sous les tables.

Alors les paysans allaient chercher leurs fourches ou leurs fléaux, et ils assommaient les ivrognes, qu'ils jetaient ensuite dans la Meuse afin de faire disparaître les traces de leur vengeance, qui aurait pu donner lieu à de sanglantes représailles. C'était en vain que le curé et Isabelle les conjuraient de ne point verser le sang ; la paysanne essayait de couvrir de son corps les misérables abattus sur le sol ; des bras furieux la repoussaient : on l'eût plutôt écharpée elle-même.

Puis, chacun réparait son dommage.

En attendant que leur chaumière fût rebâtie, les paysans allumaient de grands feux et dormaient tout autour ; quelquefois le bûcher s'éteignait vers le milieu de la nuit, et, au matin, il y avait des malheureux dont les pieds étaient gelés. Isabelle hébergeait les plus misérables ; sa maison était pleine de monde ; les habits fumaient devant l'âtre ; les bouches avides claquaient sur la lampée chaude.

La paysanne était économe, mais point avare de son bien ; elle acceptait que d'autres que les siens s'en nourrissent et s'en réconfortent ; elle leur disait : « Entrez ! mangez ! » Et, la bouche pleine, les lèvres baveuses, ils se lamentaient sur la misère de leur existence : toujours des récits de feu, de meurtre, d'horreur !

Cependant les hommes se remettaient au travail ; on les voyait tresser de nouveaux chaumes, raboter des planches pour refaire des lits, des coffres, gâcher la terre entre leurs mains ; les femmes cousaient d'autres matelas.

Et voici qu'une nouvelle bande de pillards surgissait brusquement, sans que personne ait eu le temps de les avertir ; déjà ils levaient leurs haches sur la tête des paysans, exigeaient le jambon du plafond, la poule du pot, le mouton le plus gros, le bœuf le plus gras.

En 1423, Robert de Saarbruck, damoiseau de Commercy, imposa aux habitants de Domremy une redevance de deux gros[1] par feu entier et d'un gros par feu de veuve ; puis, en 1424, des bandes de Picards qui venaient de soumettre Guise ravagèrent la vallée de la Meuse ; cette fois encore, la maison d'Isabelle fut épargnée, et la paysanne alla soigner les malades, réconforter de ses bonnes paroles et de ses aumônes les plus éprouvés.

Ainsi elle donnait à ses deux filles un incessant exemple de courage et de bonté. Catherine et Jeannette pouvaient voir, à lui comparer les autres femmes, tout ce qui la séparait des paysannes ordinaires ; jamais un mot grossier ne sor-

---

1. On appelait ainsi toutes les monnaies épaisses et de bon aloi, en opposition aux monnaies creuses ou bractéates.

tait de sa bouche ; elle fuyait la compagnie des commères médisantes ; elle n'usait point de serment, se contentant de dire : « Sans faute » ! en se signant, quand elle voulait être crue.

La ferme prospérait, en dépit de ces invasions des mercenaires et des écumeurs de grand chemin. Jacques d'Arc continuait d'arrondir son bien. Il avait pris à ferme, depuis 1419, le château de l'Ile, et son fils Jacquemin l'avait cautionné. Il était devenu l'un des hommes les plus riches du pays et les plus considérables.

Alors Catherine épousa Colin de Maire, fils de Jean Colin, maire de Greux. Ce fut une grande réjouissance, car il y eut un beau festin qui réunit toute la famille.

Elle augmentait d'année en année.

Jehan de Vouthon et Marguerite Colnel, son épouse, qui s'étaient fixés à Sermaize, avaient maintenant quatre enfants : Pierresson, Perrinet, Nicolas et Mengette. Sa sœur Aveline avait marié sa fille Jehanne à Durant Laxart, qui habitait Burey-le-Petit.

La tablée était joyeuse quand s'y asseyait toute cette parenté qui prospérait en nombre et en biens.

Isabelle dut rester longtemps à contempler sa fille quand elle s'éloigna sur la route et se dirigea, à son tour, vers son nouveau foyer. Elle était le deuxième enfant qu'Isabelle voyait quitter la maison, et la paysanne sans doute les imagina tous s'en allant les uns après les autres, pour vivre ailleurs leur destin et continuer dans le temps les gestes des parents. Ainsi, les choses s'accomplissaient comme elles devaient s'accomplir ; Isabelle et Jacques d'Arc avaient de bons enfants qu'ils mariaient à leur convenance, des terres fertiles, une chaumière paisible et l'estime de tous. Ils étaient bien heureux. La paysanne songeait aux paroles des vieillards, qui lui avaient prédit une longue suite de jours fortunés au lendemain de ses noces, et pensait qu'elle finirait sa vie auprès de Jacques d'Arc, qu'ils seraient tous deux entourés de petits-enfants, et mourraient pleins d'aisance et de sérénité.

La petite Jeannette, maintenant, remplaçait Catherine auprès d'Isabelle. Elle gardait moins souvent les moutons, ne retournait presque plus jamais la terre avec le hoyau, et ne montait plus les gros chevaux de labour ; elle restait à la maison. Il fallait en faire, à son tour, une bonne ménagère, une fille adroite, la préparer enfin pour le bonheur de l'époux qui bientôt allait venir.

Les deux femmes étaient donc toujours ensemble.

Jeannette chauffait le four où Isabelle enfournait le pain, allumait le feu où elle posait ses chaudrons, mettait le couvert du repas qu'elle accommodait.

Puis, quand la maison était en ordre, elles allaient s'asseoir derrière la fenêtre pour avoir plus de jour, et commençaient de coudre leurs habits.

L'été, imitant les autres paysannes, elles ouvraient leur porte. Un grand carré de ciel se découpait dans l'ombre du « poêle », laissant apercevoir la litière des bêtes parties aux champs, et la Meuse, où sautaient des paillettes de soleil.

C'était merveille de les voir alors auner leurs tiretaines ou leurs draps pour en faire les chausses pointues auxquelles les cordonniers ajoutaient des semelles à clous, ou les casaques que portaient ensuite le Doyen et ses fils. Il y avait aussi les vêtements de fête, et leurs doigts remuaient du velours et de l'écarlate qui empourprait leurs visages ; elles étaient attentives et sérieuses, cherchant des effets de broderie, une coupe élégante, des pinces, des drapés seyants au corps, et, quand enfin elles étaient satisfaites d'elles-mêmes, leurs figures s'éclairaient, leurs aiguilles couraient, et elles pouvaient bavarder en toute liberté.

Sous la direction d'Isabelle, Jeannette faisait de rapides progrès, et disait souvent, en riant, qu'elle ne craindrait bientôt plus aucune couturière, vînt-elle même de la ville.

C'était le moment où les deux femmes avaient

le plus d'intimité. Le corps en repos, les doigts agiles, elles échangeaient leurs pensées. Les parents dispersés dans le voisinage devaient beaucoup les occuper. Elles se disaient qu'ils allaient leur arriver un prochain dimanche, par la grande route qui passait devant leur porte. Elles imaginaient des plats pour les recevoir, des tartes friandes, des « lunes » parfumées. Jeannette se réjouissait à la pensée de revoir sa bonne sœur Catherine, dont elle avait reçu des soins maternels, et Isabelle évoquait le souvenir de l'aînée, que pendant tant d'années elle avait eue là, devant elle, cousant des habits, à la place même de la cadette.

Mais bientôt, elle revenait à sa plus constante préoccupation : le Dauphin malheureux et la grande misère de la France. Elle s'aidait de ce qu'elle avait vu d'atroce en son propre village pour imaginer les cruautés de la guerre, et la petite Jeannette pleurait de l'entendre. Puis, les yeux encore tout brillants de larmes, elle demandait un conte à sa mère.

Isabelle en disait un, un que l'enfant avait déjà entendu plusieurs fois cependant que Catherine était assise à sa place sur l'escabeau de bois, et cousait pareillement une belle robe de fête. Mais plus il lui était répété, plus il l'enchantait.

Isabelle parlait donc, narrant la légende d'une vierge lorraine ; et le soir tombait, paisible et rose ; il coulait de l'or dans les nuages, et l'on eût dit que les deux femmes avaient devant elles un beau livre d'heures ouvert à l'endroit d'une enluminure. Les grands oiseaux qui volaient au-dessus de la Meuse projetaient sur les eaux une ombre démesurée ; le porche de la vieille église se crevassait, et le bronze des cloches luisait comme une buire d'or ; au loin, l'Arbre des Fées semblait vouloir étendre son feuillage pour couvrir toute la vallée.

C'était l'heure où les sources miraculeuses boivent le ciel rose, où les Vierges des sanctuaires ont l'air de se pencher vers ceux qui les implorent ; l'heure où s'accomplissent les faits merveilleux que rapportent les légendes.

Ainsi se passait leur vie, qui était douce et heureuse.

Or, un jour qu'Isabelle était seule à la maison, elle vit arriver la petite Jeannette, tout essoufflée, qui s'étonna d'être grondée pour avoir quitté ses brebis, car elle croyait que sa mère l'avait appelée.

L'au-delà venait d'entr'ouvrir son mystère devant l'enfant émerveillée, et, à partir de ce jour, un indéfinissable malaise fut entre les deux femmes.

Jeannette gardait jalousement son secret ; sa mère, si pleine de bon sens, se fût moquée ; la paysanne lui eût demandé si elle se croyait un grand personnage, pour imaginer que les saints s'en venaient l'entretenir, et si elle pensait qu'une petite fille ignorante eût à recevoir des communications du Ciel. Si, au contraire, Isabelle avait ajouté foi aux récits de l'enfant, elle eût vu là quelque diablerie, car elle n'eût point imaginé que Dieu pouvait ainsi honorer sa maison en la personne de sa fille cadette, et n'eût pas manqué d'en parler au curé, en le suppliant d'exorciser la petite, afin que le démon s'en allât de son corps, qui était possédé.

L'enfant retint donc en elle son grand secret, mais il l'obsédait ; le monde venait de se transformer pour elle ; elle était entrée dans le royaume du mystère ; elle savait maintenant que les nuages parlent ; plus rien ne pouvait l'étonner. Et, sans cesse, Jeannette pensait à ses saintes. Elle les revoyait dans leur nuée éclatante ; leurs têtes rayonnaient comme un ciboire, et leurs voix étaient plus douces que la plus douce cloche de la terre ; elle se répétait leurs paroles, et ses mains, inconsciemment, se joignaient. Elle eût voulu interroger Isabelle, si savante en l'histoire des saints, si bien informée des instruments de leur supplice et de toutes les choses merveilleuses de leur vie et de leur mort ; mais elle n'osait prononcer leur nom, de peur que sa voix tremblât et que son trouble éveillât des soupçons. Elle restait donc, les lèvres serrées sur son secret, vivant comme en un rêve. Et ce rêve l'éloignait des siens ; les voix de la terre ne parvenaient plus à son intelligence ; elle était souvent absorbée, comme en extase ; Isabelle l'examinait de son œil sévère : qu'avait donc sa petite Jeannette ? D'où provenait ce feu qui brûlait dans son regard ?

La paysanne craignit que l'enfant se fût prise d'amour pour quelque garçon qui la dédaignait, et tenta de la confesser. Puis elle se dit que la petite était malade peut-être. Elle pensait aux médecins de la ville, et se demandait s'il ne faudrait pas la leur conduire. Les commères parlaient de philtre et de mauvais sort ; elles hochaient la tête, en contant des histoires où l'on voyait des jeunes filles devenir lunatiques, puis bientôt dépérir par le funeste effet d'un sortilège. Sans doute il leur vint aux lèvres le nom du seul Bourguignon qui habitait Domremy et devant qui l'on n'aimait point passer. Isabelle ne croyait guère à la vertu des paroles magiques qui vouent au malheur ; cependant les bavardages des voisines la tourmentaient et sifflaient à ses oreilles, bien longtemps après qu'elles étaient parties.

Son trouble augmentait de jour en jour, à remarquer que l'enfant semblait ne plus tenir à la maison et se montrait impatiente de s'évader, de courir vers les bois. Elle devait discuter, confier son inquiétude le soir, d'une voix basse, à Jacques d'Arc.

Le Doyen en éprouvait un grand tourment ;

il savait la petite entêtée, et s'irritait de lui sentir
un secret ; c'était un homme fort susceptible sur
le point de l'honneur des filles, et à la pensée que
la sienne pouvait être tentée par le péché, la fureur l'égarait.

Jeannette, alors, fut surveillée. Isabelle interrogeait ses petites amies, Mengette, Hauviette,
afin de savoir si elles n'avaient pas reçu de confi-
dences ; Jean, son frère, marchait dans ses pas,
sans faire plus de bruit qu'un loup, et, caché dans
un taillis, la voyait tomber à genoux et joindre
les mains.

Puis d'autres préoccupations vinrent détourner
Isabelle de son inquiétude.

Un jour de l'an 1425, brusquement, des cris
éclatèrent au sein du village.

Le guetteur de Vaucouleurs s'était-il endormi
dans son échauguette ? ou bien le soleil l'avait-il
aveuglé ? ou bien encore avait-il emporté avec lui
quelque flacon qui l'avait mis dans un état béat,
en lui faisant oublier les chefs de bande, leur effronterie, leurs pillages, et cette bonne corne faite
pour s'en aller sonner aux oreilles des gens et in-
viter le sacristain de l'église à agiter sa cloche
afin de prévenir tous les habitants des villages voisins qu'un danger les menaçait, eux et leurs troupeaux ? — Les paysans de Domremy venaient
d'être surpris au milieu de leurs plus paisibles

occupations par Henri d'Orly, un chef de partisans, qui emmena toutes les bêtes du village à vingt lieues de là, du côté de Doulevant.

Parties, les belles oies engraissées pour la Noël, les dindons glorieux, les coqs huppés de rouge, les vaches lourdes, et les gros chevaux sans quoi un champ ne se peut bien labourer ! Les paysans, tenus en respect par les reîtres armés, les regardèrent s'en aller sur la route avec leurs mamelles pleines d'un lait qu'ils ne trairaient point, et leurs croupes luisantes, qu'ils ne verraient plus tirer la charrue.

Quand le dernier brigand eut tourné les talons, les villageois se précipitèrent : ils entouraient le Maire, l'Échevin, le Doyen ; ils parlaient tous à la fois, réclamant les bêtes qu'on venait de leur prendre. Une députation fut dépêchée à Jeanne de Joinville, châtelaine de Domremy, qui se plaignit au comte de Vaudemont, dont dépendait Doulevant. Henri d'Orly fut rattrapé, mis à mort, et les paysans virent s'en revenir vers eux, avec une grande liesse, les mufles, les cornes et les becs de ce qu'ils avaient contemplé par l'autre bout, en s'arrachant la barbe et les cheveux de désespoir. Mais ils n'avaient pas fini de leur mettre le licol au garrot et le joug sur les cornes, que les Anglais ravagèrent tout le pays, jusqu'aux portes de Bar-le-Duc, et occasionnèrent une nouvelle alerte.

CHAPITRE IV

OU JACQUES D'ARC FAIT UN RÊVE AFFREUX SUIVI DE L'EXODE SUR LE GRAND CHEMIN

Cependant que ces choses se passaient, Jeannette s'en allait prier dans tous les sanctuaires du voisinage ; on la voyait là où, tant de fois, elle était venue avec Catherine et Isabelle, à Notre-Dame-de-Bermont qui l'encensait du parfum miellé de la reine-des-prés, à l'église de Maxey-sur-Meuse, où les pèlerins s'agenouillaient devant la statue de sainte Catherine, à Notre-Dame-de-Beauregard, au village de Moncel, où saint Michel était honoré, et aussi à la bonne fontaine miraculeuse qui guérissait les fièvres des pauvres malades ; souvent on la trouvait prosternée aux pieds de la statue de sainte Marguerite, qu'elle parait de « chapeaux en fleurs », dans sa vieille église de Domremy qui semblait se recueillir dans l'ombre de ses voûtes affaissées, et faire autour d'elle le silence plus profond afin d'aider au mystère qui s'accomplissait. Et quand l'enfant revenait s'asseoir sous le pommier du jardin, à côté du cimetière, il lui arrivait de rêver si fort qu'elle n'entendait pas Isabelle qui l'appelait.

Alors la paysanne, immobile sur le seuil, la contemplait : le ravissement et la terreur se lisaient tout ensemble sur le visage de la jeune fille. On eût dit que Jeannette adorait et suppliait... Qui donc la tenait ainsi dans une sorte d'extase épouvantée ? Isabelle, doucement, s'approchait d'elle, sa quenouille à la main, ou la longue chausse rouge qu'elle avait taillée à la forme d'une jambe ; elle s'asseyait à côté de la petite, espérant qu'un moment d'abandon lui livrerait enfin son secret. Mais la fillette jadis expansive et confiante se retranchait dans un silence farouche ; et il semblait qu'une grande peine était en elle quand son regard venait à se poser sur ses bons parents.

Alors eux se tourmentaient ; ils sentaient bien que leur enfant était menacée, qu'elle allait leur échapper, et ils s'épuisaient à chercher le malheur qui rôdait autour d'elle. Toujours ils roulaient dans leur tête cette idée d'amoureux, qui échauffait l'imagination du père jusqu'à lui faire proférer des menaces. Jeannette n'avait-elle pas perpétuellement l'air d'être attendue à un rendez-vous, et ne voyait-on pas qu'elle recherchait la solitude des bois ?

Ils parlaient d'elle sans fin.

Ne lui découvrant pas de galant à Domremy, ils se demandaient si elle ne s'était point prise d'amour pour l'un de ces soldats qui traversaient le village en chantant leurs chansons. Ces hommes s'arrêtaient souvent, pour boire, à l'auberge ; peut-être alors l'un d'entre eux lui avait-il parlé, et elle attendait maintenant qu'il revînt ; mais jamais plus elle ne le reverrait, car les soldats ne passent pas deux fois sur la même route, et c'était pourquoi elle restait assise de longues heures sous son pommier, si absorbée en ses regrets qu'elle ne reconnaissait plus la voix des siens.

Ils étaient pleins de pensées contradictoires, et si tourmentés de craintes vagues, qu'ils en venaient parfois à se demander s'il n'y avait pas un parent, ou quelqu'un de Domremy, qui la détachait d'eux.

La nuit, ils se débattaient dans des songes, et, un matin, Jacques d'Arc se leva de sa couche plus blanc que son drap.

Il avait vu en rêve Jeannette au milieu des soldats ; il était plein d'horreur et de dégoût, et il dit à Isabelle que, plutôt que de la laisser aller en une telle compagnie, il la noierait de ses propres mains ; elle dut alors tenter de le calmer ; les femmes sont moins sensibles que les hommes à ces sortes d'outrages, et d'ailleurs un songe n'était pas pour impressionner Isabelle. Elle raisonna : quelle apparence y avait-il que Jeannette, si sage et si pieuse, fût un jour en un endroit où l'on ne voit que les ribaudes ? Cela lui paraissait si monstrueux qu'elle haussait les épaules. Mais le Doyen ne pouvait détacher sa pensée de l'atroce vision, et sa colère grandissait en lui-même par les images que lui suggérait son rêve.

Jeannette allait et venait dans le « poêle », vaquant à ses occupations ordinaires, et le regard durci du père s'attachait à elle, suivait la ligne pure de son corps, en abhorrait la jeunesse, cherchait à reconnaître l'impureté cachée des pensées. — Des soldats autour de Jeannette ! Il entendait leurs paroles grossières, voyait leurs gestes impudents.

Quand elle se fut éloignée, il appela Jean et Pierre, ses fils, et leur conta son rêve.

— « Plutôt que de la savoir jamais en telle compagnie, jetez-la dans la Meuse », dit-il ; « et si vous ne le faisiez, je le ferais moi-même ! »

Isabelle regardait les trois hommes ; leurs yeux brillaient d'un feu sombre ; ils serraient les poings ; leurs visages effrayaient ; la paysanne fut prise de peur.

Alors, à son tour, elle dut avoir dans la tête une image affreuse : ses fils se penchaient sur la rivière de Meuse... Ils avaient empoigné Jeannette, qui se débattait en hurlant, et ils lui attachaient au cou une lourde pierre qui allait la coucher sur le lit de vase ; et le père, agenouillé la tête dé-

couverte et les mains jointes, répétait : « Noyez-
la ! noyez-la pour sauver son âme ! »

Elle tremblait en s'asseyant devant son rouet,
elle si calme toujours, et d'allure sévère ; quand
Jeannette entra, elle l'appela auprès d'elle, lui
parla bas, conta le rêve du père et sa recomman-
dation à ses fils.

Elle lui disait ces choses pour la mettre en
garde, l'effrayer, l'empêcher de céder à la tentation, si un jour le démon s'avisait de s'attaquer à
elle ; il lui fallait rester là, à filer sa quenouille
comme une bonne fille sage et pieuse ; puis on
la marierait à quelque brave garçon, ainsi que
l'on avait marié sa sœur Catherine, et, le dimanche, ses parents et toute la famille du voisinage s'en viendraient la visiter. Qu'elle n'écoutât
point, surtout, les soldats insolents et débauchés,
qui sont la perdition des filles ! Elle lui en citait
en exemple dont on se détournait avec dégoût ;
les petits enfants les poursuivaient de leurs huées,
les femmes crachaient sur elles.

Ainsi le Ciel disait à Jeannette : « Va, rejoins
les soldats, pars ! » — Et la terre, en la personne
d'Isabelle, les lui montrait comme des bêtes fauves
dont elle avait tout à craindre.

Ce fut vers ce temps-là que Jacques d'Arc eut

pleins pouvoirs des habitants de Domremy pour les représenter dans un procès qu'il leur fallut soutenir par-devant Robert de Baudricourt, capitaine de Vaucouleurs.

Il rapporta force détails sur la guerre, les soldats, les campements ; la maison vit tous les villageois accourir à la veillée ; ils étaient anxieux de l'entendre, le pressaient de questions ; il eût fallu que le Doyen répondît à tous en même temps. Ils demandaient quel air avait le seigneur de Baudricourt, le nombre des soldats, la force des retranchements ; et Jeannette palpitante, Jeannette qui résistait à l'ordre des saintes, de toute son âme, écoutait ces détails militaires.

Plus d'une année passa dans ces débats que ne soupçonnaient point les parents.

L'enfant se cramponnait à la chaumière familiale ; elle ne voulait point partir ; les soldats lui faisaient horreur ; elle les regardait passer sur la route, ivres de vin et d'hydromel, débandés, grossiers et pillards ; elle pensait aussi aux menaces de son père et de ses frères ; elle imaginait les trois hommes se saisissant d'elle, la maîtrisant de leurs bras musculeux, et tremblait de peur en voyant briller, de l'autre côté de la route, les eaux de la Meuse. De plus, elle s'effrayait du chagrin qu'elle allait causer à ses bons parents ; elle se représentait son père et sa mère l'attendant pour le repas du soir, s'étonnant de son retard, l'appelant du côté des bois, se disant qu'elle avait été dévorée par les loups ou assassinée par les brigands ; et, après des nuits et des jours d'angoisse, ils apprendraient qu'elle était allée rejoindre les soldats ! Alors le Doyen la maudirait ! elle frissonnait d'horreur et d'épouvante, et suppliait ses saintes de ne pas exiger qu'elle quittât Domremy.

Ainsi l'enfant la plus douce et la plus obéissante de la famille était celle qui contristait les siens. Sa présence mettait une gêne dans les réunions des parents, autrefois si heureux de se retrouver tous ensemble. On la regardait à la dérobée : on s'étonnait de son visage tourmenté ; on se demandait à voix basse quel pouvait bien être le mal dont elle souffrait ou la tentation qui la possédait, et la joie cordiale des repas en était diminuée.

Puis une autre inquiétude vint s'ajouter au malaise qui pesait maintenant sur tous les d'Arc : Catherine ne quittait plus son lit[1] ; une fièvre ardente l'y consumait, et sa jeunesse s'en était allée d'un coup, ne laissant plus entre les draps qu'un pauvre corps desséché qui se tendait vers les tisanes d'Isabelle ; mais cette fois, elles étaient

1. La date exacte de la mort de Catherine est inconnue, mais il est prouvé qu'elle mourut avant la première manifestation de la vie publique de Jeanne.

sans vertu, et la jeune femme mourut bientôt.

Isabelle venait de perdre son premier enfant.

Elle dut rester longtemps à la contempler entre les cierges mortuaires, après lui avoir fait sa toilette funèbre ; et l'image de la morte sans doute se dressa sur le seuil quand Isabelle rentra dans sa maison après la cérémonie de l'enterrement ; et ils baissaient la tête tous les cinq, accablés d'une grande tristesse.

La petite Jeannette pleurait la bonne sœur qui s'était penchée sur son enfance, et dont elle retrouvait le souvenir dans tous les coins de la maison.

Ce fut dans ce temps-là que Jacques d'Arc et Isabelle songèrent à leur propre trépas. Ils s'en allèrent trouver le curé de Domremy, et s'engagèrent à lui donner chacun « deux gros barrois » afin qu'après leur mort fussent célébrées deux messes par année dans la « sepmaine des Fontaines ».

Un soir de juillet 1428, des hommes arrivèrent, couverts de la boue des chemins, et si las qu'on dut les réconforter de « soupes » trempées dans le vin, avant qu'ils pussent parler ; ils marchaient depuis longtemps, fuyant devant une troupe nombreuse de Bourguignons qui se dirigeaient vers Domremy en ne laissant derrière eux que des décombres fumants ; et ils disaient les villages en feu, les habitants pendus aux arbres ou noyés dans la rivière. De minute en minute, il en arrivait de nouveaux qui racontaient des choses plus effroyables. Les femmes tendaient leurs nourrissons aux villageoises et demandaient du lait ; elles avaient des seins taris par la fatigue, et beaucoup se laissaient tomber à terre en déclarant qu'elles n'iraient pas plus loin, dût-on les abattre là où elles étaient et lancer leur cadavre aux chiens. Plusieurs s'étaient perdues dans les bois ; depuis des jours, elles se nourrissaient de racines, et l'âcreté des feuilles qu'elles mâchaient pour tromper la faim leur avait enflé toute la bouche ; elles se jetaient néanmoins sur le pain des paysans et le dévoraient goulûment, sans plus rien entendre de ce qu'on leur disait.

Quand elles étaient repues, la mémoire leur revenait ; il y en avait qui se souvenaient d'avoir laissé sur la route un vieux parent infirme, trop lent à marcher ; il avait essayé de courir en les suppliant de l'attendre, mais elles s'étaient mis les mains aux oreilles et elles avaient continué de fuir. Où l'avaient-elles abandonné ? leurs explications étaient confuses ; elles avaient tant gravi de côtes, descendu de pentes, traversé de bois et de prairies ! Et d'ailleurs, qu'importait maintenant ? Les troupes pillardes depuis longtemps avaient rejoint le vieillard ; il gisait assommé sur la route, à moins que les loups, déjà, et les corbeaux, ne se fussent disputé son cadavre.

Mais les habitants de Domremy ne prêtaient plus l'oreille à leurs lamentations ; tirés du lit en plein sommeil, ils se penchaient sur les coffres pour en sortir ce qu'ils avaient de plus précieux : leurs futaines de lin, leurs chausses d'écarlate, quelquefois une robe doublée de vair.

Et ce fut, de nouveau, l'exode sur la route, avec les troupeaux qu'on poussait devant soi ; cette fois-ci le péril était grand et les villageois n'allaient point dans l'Ile, mais du côté de Neuf-château. Jeannette conduisait les bestiaux. Les faces étaient mornes, terreuses, les dos voûtés sous les casaques et les voiles ; les paysans savaient bien qu'ils ne retrouveraient rien de ce qu'ils laissaient derrière eux. Tous les chariots grinçaient ; ils n'en finissaient plus de défiler ; ils étaient pleins de coffres, de volailles, d'enfants, et l'on y voyait luire la grande courbe tranchante des faux dressées vers le ciel livide du matin. L'on avait hissé sur des chevaux les vieillards et les infirmes qui n'avaient pu trouver place dans les voitures ; les plus misérables se traînaient sur la route ; ils criaient vers les autres en se voyant distancés. Et tout cela s'embourbait, jurait, poussait aux roues, piquait les bœufs.

Ah ! Cette route de Domremy, cette route de guerre, trouée, bourbeuse, qui ouvrait sous leurs pas toutes ses fondrières pour les empêcher de fuir, les retenir enlisés dans ses boues, les livrer à la horde pillarde ! Les chariots se penchaient, prêts à verser, les coffres mal arrimés tombaient lourdement, en éclaboussant les paysans et en s'éventrant dans des flaques d'eau sale ; les chevaux, assommés de coups, rompaient leurs traits. De temps à autre, un cou se tendait, une face se retournait, et, la main rabattue sur les yeux, inspectait l'horizon. Chaque fois, l'on croyait voir un feu au lointain de la route ; alors, on frappait à coups redoublés le dos saignant des bêtes, et les boiteux se démenaient sur leurs béquilles.

Il y avait là, montés sur des mules et s'en allant de compagnie, le Maire, l'Échevin, le vieux drapier à qui Jeannette donnait des lunes pour qu'il sonnât plus longtemps, le curé qui emportait ses hosties dans le ciboire d'or, et se demandait s'il reverrait son église.

Triste cortège ! le village, grossi de tous les émigrés qu'il rencontrait ou qui le rejoignaient, pataugeait dans la boue ; il ondulait péniblement sur la route.

Ils marchèrent ainsi pendant trois lieues ; ils virent les collines se déplacer devant eux, et désespérèrent d'atteindre celle qui portait Neufchâteau ; puis ils l'aperçurent enfin, avec sa ville qui se développait en amphithéâtre.

La famille d'Arc reçut à Neufchâteau l'hospitalité d'une honnête femme surnommée La

Rousse, et qui tenait une hôtellerie. Comme toutes les autres auberges, sa maison grouillait de monde ; il y avait là des réfugiés de tous les villages ; partout on trouvait des paillasses avec des gens ronflant dessus ; les chariots dételés avaient relevé leur timon ; les robes des paysannes s'échappaient des coffres éventrés ; les porcs, les poules, les vaches reniflaient, picotaient et mugissaient au milieu de tout cet étalage de hardes et de batteries de cuisine. Les enfants tapaient sur les casseroles, les femmes accroupies allumaient des feux. Les boulangeries manquaient de pain ; les tripiers décrochaient les chapelets de boudins pendus au-devant de leur porte ; les servantes perdaient la tête.

Isabelle, qui avait la sienne solide, et que le triste voyage n'avait pas abattue, offrit à l'hôtelière de l'aider à traiter tout son monde. On la vit alors, avec Jeannette, aller et venir dans l'auberge, se rougir le visage au feu des fourneaux, installer des matelas, porter des plats aux plus fatigués, des cruches aux plus altérés. Il leur arrivait apparemment de recevoir des paroles grossières ou d'une brutale galanterie de tous ces hommes entassés dans les salles de l'auberge ; elles devaient y répondre gaillardement, sans embarras, sans effronterie non plus, en femmes qui n'ont point l'habitude de s'en laisser conter, et qui savent remettre les gens à leur place. Il y avait là un jeune homme qui admirait les beaux bras robustes

de Jeannette, quand elle s'en venait de la cuisine
en portant devant elle quelque lourd plat d'étain,
son giron plein sous la gorgerette, sa taille ferme
et ronde, et il essayait de se frayer un passage
parmi tous les gens, afin de la rejoindre et de lui
murmurer quelque aimable parole. La jeune fille
n'avait garde de se prêter au manège ; elle se
faufilait adroitement entre les clients, et le pauvre
garçon, quand il arrivait à la place où il l'avait
vue, ne trouvait plus qu'une porte qui se refermait sur une cotte rouge et un grand plat qui se
cognait à la pierre du mur.

Jeannette sortait souvent de ce tumulte pour
aller avec Isabelle voir l'un de ses parrains, Jean
Barré ou Barrey, et deux de ses marraines, Edette,
femme de Jean Barré, et Jeannette, mariée à
Thiesselin de Vittel. Tous ces gens-là habitaient
Neufchâteau ; les deux femmes, néanmoins,
avaient eu maintes fois l'occasion de se trouver
en leur compagnie ; les citadins et les villageois
avaient entre eux de fréquents rapports, et les ha-
tants de Neufchâteau confiaient volontiers aux
paysans de Domremy des bestiaux à nourrir pendant la saison d'été, moyennant une rétribution
fixée d'avance, ou l'abandon de la moitié des bé-
néfices.

En cas de détresse, les laboureurs allaient à
Neufchâteau trouver les « Lombards », et au
besoin les Juifs, qui y formaient une importante
colonie.

Isabelle et Jeannette devaient aussi se rendre fréquemment dans les sanctuaires de la ville ; elles passaient alors devant le haut donjon qui se dressait sur la place, entraient à l'église Saint-Nicolas ou à l'église Saint-Christophe qui était bâtie entre la ville haute et la ville basse. Les ouvriers s'accrochaient encore à ses flancs de pierre neuve que mordaient les scies et taillaient les ciseaux. Elle éblouissait, tant elle était blanche sous le soleil, dans la floraison de ses ogives inachevées, de ses arcs brisés, de ses pinacles qui attendaient le couronnement de leurs fleurons.

Isabelle s'y abîmait en des méditations profondes. Jamais encore elle n'avait eu tant besoin de l'aide de Dieu et de l'apaisement qui lui venait de ses prières. Elle demandait le repos de l'âme de sa fille défunte, et criait pitié et miséricorde pour son pauvre village de Domremy abandonné aux reîtres. Elle n'avait qu'à lever les yeux pour contempler, à la frise qui entourait extérieurement l'église, leurs têtes féroces et bestiales dans celles des brigands et des ribauds taillés à la pierre de l'édifice. Mais surtout elle implorait du Seigneur la paix de la famille où l'enfant déférente, mais obstinée, se dérobait à la volonté paternelle.

Jacques d'Arc, en effet, ému des assiduités de l'étranger, s'était mis à lui parler de mariage. Elle était très jeune encore — quinze ans à peine — mais si grande, si robuste qu'on l'imaginait

très bien s'en allant avec un époux vers la maison
de sa dot. Le Doyen, hanté par son rêve, se
disait qu'un mari la garderait des soldats, et portait ses vues sur le jeune homme de l'auberge.

Bientôt les réfugiés eurent des nouvelles de
leur village par des gens qui venaient on ne savait d'où, des marchands qui avaient traversé les
régions dévastées, des moines, des charretiers. Les
pillards étaient partis, mais il ne restait plus rien
de Domremy ; seule la maison de Jacques d'Arc
avait échappé, comme par miracle, à l'incendie ;
l'église elle-même était brûlée.

Isabelle et les siens s'en retournèrent donc vers
leur demeure isolée sur un sol de cendres ; il y
avait quinze jours qu'ils habitaient Neufchâteau.
On les regardait s'en aller sur la route, et l'on
s'étonnait de cette maison que les flammes
n'avaient pas touchée. Quelque chose de mystérieux semblait les envelopper et une sorte de peur
superstitieuse faisait s'écarter les gens sur leur
passage.

Cependant eux s'éloignaient de la ville, suivis
de quelques habitants prêts à relever, une fois
encore, les ruines de leur chaumière, et à camper
pendant plusieurs mois sous une tente de fortune.
A mesure qu'ils avançaient sur la route, le paysage devenait plus désolé ; les prairies avaient été

broutées jusqu'aux racines par les troupeaux volés
que poussaient devant eux les pillards ; les blés
et les avoines étaient versés dans les champs, et
l'écorce des arbres, dépouillés de leurs feuilles,
quand on venait à la toucher, s'effritait, tombait
en cendre.

A un tournant de route qui dominait la plaine,
ils s'arrêtèrent pour contempler Domremy : là où
ils étaient accoutumés de voir le décor familier
des chaumes fumant entre leurs hêtres au long
de la Meuse, tout s'était abattu dans une confusion de cendres, de poutres à demi brûlées, de
pierres calcinées ; et comme pour en rendre le
spectacle plus navrant, de paisibles instruments
ménagers, un puits et sa margelle, un pétrin
échappé au feu par hasard, un pan de mur avec
sa cheminée, ses landiers et ses marmites, étaient
demeurés debout au milieu des décombres.

A côté des d'Arc, immobiles sur la route, les
habitants qui les avaient accompagnés, du regard, cherchaient la place de leurs maisons ; et
ils se souvenaient tout haut : le « poêle » était
là... la chambre à four où l'on cuisait le pain, à
la place de ces gravois...
Leurs doigts montraient des amas de cendres.

Isabelle et Jeannette pleuraient quand elles
franchirent le seuil de leur maison intacte, mais
pillée, et qui n'avait plus d'église à côté d'elle.
Les deux paysannes contemplaient la cloche toute

noircie de fumée et tombée au milieu de la charpente de son clocher. Le bronze avait dû sonner
en arrivant sur la terre, et la maison d'Isabelle,
sans doute, avait tressailli à cette chute de la
grosse cloche, qui ne se balancerait plus dans le
ciel à l'heure des offices et des angelus. Jeannette
eût voulu s'approcher d'elle, lui dire sa peine
de ne plus l'entendre, poser ses mains sur ses flancs
polis, mais il eût fallu enjamber trop de murs qui,
à tous instants, pouvaient s'abattre. Et, en effet,
de leur maison, les deux femmes les entendaient
tomber ; les pierres s'éboulaient, s'écrasaient sur
des morceaux de bois, tiraient un gémissement du
bronze ; et, s'arrêtant dans leur travail, Isabelle
et Jeannette écoutaient l'agonie de la vieille
église.

⁎⁎⁎

Ce fut une privation pour elles de ne plus y aller
prier, et de n'entendre la messe que le dimanche,
à Greux. Isabelle en revenait toute secouée par le
souvenir de Catherine dont elle avait revu la
maison, où vivait le veuf, et dont elle parlait
maintenant avec sa fille cadette. Cette mort faisait entre les deux femmes l'intimité plus étroite,
car elles en avaient un chagrin semblable, et se
souvenaient ensemble des gestes de la défunte,
de ses paroles, de tous les actes de sa vie.

Au milieu de sa peine, Isabelle se préoccupait
de Jeannette ; alors, sortant de ses regrets, elle

la prêchait doucement, lui remontrant qu'une bonne fille doit obéir à ses parents, lui conseillant de se soumettre sans tarder à l'ordre de son père, qui la voulait donner en noce au jeune homme de Neufchâteau dont il avait agréé la demande. La petite Jeannette l'écoutait sans mot dire ; elle se désespérait à la pensée de quitter sa bonne mère, qui venait de perdre sa fille aînée, et dont elle contemplait la grande peine ; lui fallait-il ajouter encore à ce que souffrait Isabelle ? Mais le Ciel la poussait, et, désespérée, elle cherchait impatiemment le moyen de s'enfuir.

Elle crut le trouver, en priant Laxart de venir demander à ses parents la permission de l'emmener avec lui à Burey-le-Petit, où il habitait avec sa femme. Elle était accoutumée de s'en aller ainsi chez les parents du voisinage et Isabelle, sans méfiance, la laissa partir, en mai 1428. Elle passa huit jours à Burey, où elle révéla son projet à Laxart — projet qu'elle n'avait dit qu'à son confesseur. Puis Laxart accepta de la conduire à Vaucouleurs voir Robert de Baudricourt et, le 13 mai, jour de la fête de l'Ascension, Jeannette s'était présentée à ce capitaine, qui avait déclaré qu'elle était folle et qu'il fallait la souffleter.

De là, elle était retournée à Burey, puis à Domremy.

Alors Isabelle, heureuse d'entendre parler de sa bonne sœur Aveline et de sa nièce, lui demanda des nouvelles des uns et des autres ; sur quoi elle invita bonnement la petite à reprendre la saine habitude du travail.

Mais voici que Jeannette, d'ordinaire si discrète, se laissa aller à des bavardages avec des étrangers.

A un garçon du village, Michel Lebuin, elle dit, le 23 juin 1428 : « Sais-tu bien qu'il y a, entre Coussey et Vaucouleurs, une jeune fille qui mènera sacrer le Roi à Reims » ?

A Gerardin d'Épinal, le seul Bourguignon du village, elle déclara : « Compère, je vous dirais bien quelque chose, mais vous êtes Bourguignon » !

A la dame de Geoffroy de Foug, écuyer à Maxey-sur-Vaise, elle annonça qu'elle allait combattre les Anglais ; à Jean Watterin, de Domremy, garçon de son âge, elle affirme qu'elle « relèvera la France et le sang royal ».

Tous ces propos ébahissaient ; ils passaient de bouche à oreille, et ne mirent pas longtemps à être rapportés à Isabelle et à Jacques d'Arc, qui en eut une grande colère. La paysanne tremblait en se souvenant de ses menaces ; elle veillait sur l'enfant, redoutant que le Doyen ne couvât son projet, et que la hantise de son rêve ne le portât à noyer sa fille comme il avait promis de le faire.

Jeannette était maintenant étroitement surveillée. Elle ne pouvait plus aller dans les bois ; il lui fallait rester à coudre ou à filer dans la maison auprès de sa mère, et elle s'en irritait, car ses saintes la pressaient de partir. Isabelle, qui la voyait se dépiter, essayait de la calmer et de la ramener à la raison ; elle lui démontrait le péril qu'il y a pour une fille à courir les routes, lui répétait la brutalité des soldats, leurs impiétés, leurs blasphèmes ; comment pouvait-on souhaiter se trouver en semblable compagnie ? Elle lui représentait que seul l'esprit du mal la poussait à croire que Dieu la destinait à sauver la France, lui recommandait des prières qui ramènent à l'humilité, et la conjurait de ne point désespérer ses parents par son départ. Si Jeannette voulait plaire au roi du ciel, il lui fallait rester là à filer sa laine, et se marier selon le vœu de son père ; elle lui citait en exemple les jeunes femmes de sa famille, lui décrivait les joies paisibles de leur existence.

Ainsi la terre continuait de lutter contre le Ciel dans la maison de Jacques d'Arc. Les saintes disaient : « Pars ! » — Le père ordonnait : « Marie-toi ! » — Et le jeune homme de Neufchâteau s'en venait assidûment en la maison des d'Arc, comme un prétendant dont on a agréé la demande ; il devait arriver avec de gros bouquets paysans dont il était tout encombré et qu'il remettait gauchement à Jeannette, qui les prenait pour ne point désobéir au Doyen, dont le regard aigu la surveillait.

L'enfant, compassée et immobile au fond de

la pénombre qui jaunissait la face de l'amoureux, leva peut-être plusieurs fois les yeux sur lui en se disant qu'elle aimerait s'en aller un jour en sa compagnie, comme sa sœur Catherine s'en était allée avec son époux au lendemain de ses noces. Elle ne voyait autour d'elle que de jeunes couples heureux... Alors, n'eut-elle point envie, elle aussi, de goûter aux joies permises de la jeunesse et de l'amour ? — Mais il lui était défendu d'en prendre sa part, et elle continuait de se dérober doucement à l'ordre de Jacques d'Arc. Le prétendant dont on lui imposait la présence devait peu se soucier de son refus, car il savait bien que le vœu d'une vierge n'existe pas quand le chef de famille a exprimé sa volonté, et il lui suffisait de la parole du Doyen pour ne plus douter de son prochain bonheur. Mais l'enfant, toujours déférente et douce, offrait une résistance dont peu de filles, jusqu'alors, avaient donné l'exemlpe.

Alors les parents, pour vaincre son obstination, encouragèrent probablement le jeune homme à la traduire devant l'Officialité de Toul sous le prétexte qu'elle était parjure à sa parole et se dérobait après lui avoir promis le mariage.

Jeannette se rendit à Toul en février 1429. Peut-être Isabelle l'accompagna-t-elle en ce voyage ; et ce fut là, pour la première fois, que la jeune fille, qui se défendit elle-même, vit ce que c'était qu'un tribunal ecclésiastique. Elle gagna son procès, car elle parla « noblement et avec éloquence », et le père fut obligé de s'incliner devant la volonté de l'enfant. C'était là un événement peu commun, qui dut le stupéfier et le mettre dans une grande indignation.

CHAPITRE V

COMMENT JEANNETTE
PARTIT SANS EMBRASSER ISABELLE

Isabelle était entrée dans la voie douloureuse qu'elle devait suivre maintenant jusqu'à son dernier jour ; elle était la conciliatrice de la maison ; elle essayait d'apaiser le père, de raisonner l'enfant ; et Jeannette était hors d'elle : eût-elle eu cent pères, eût-elle eu cent mères, comme elle le dira bientôt [1], ils ne l'eussent pas retenue. La surveillance dont elle était l'objet, et qu'il lui fallait déjouer, mettait sa tête en effervescence, et la ruse s'offrit à cette petite fille obéissante et douce.

La femme de Laxart était grosse, elle y vit un bon prétexte pour s'évader ; depuis plus de six mois elle en cherchait l'occasion. Laxart, une fois

---

1. « Dieu commandait — il fallait obéir. Eussé-je eu cent pères, eussé-je eu cent mères, eussé-je été fille de roi, je serais partie »

encore, lui servit : il revint voir ses parents au commencement de 1429, et leur demanda la permission de l'emmener pour les couches de sa femme. Cela était tout naturel, et les paysans, qui n'avaient rien su de la première équipée, la lui confièrent de nouveau, en lui recommandant de la bien surveiller. Ils le prièrent de se reposer avant de repartir, et Isabelle s'en fut, sans doute, préparer quelque présent de linge ou de pâtisserie pour sa nièce. Quand elle revint, Laxart et Jeannette avaient disparu ; l'enfant s'était enfuie avec sa méchante robe rouge tout usée qu'on lui voyait tous les jours, et sans même avoir embrassé sa bonne mère.

Isabelle en fut d'abord tout étonnée, car la fillette portait « grand honneur et révérence » à son père et à sa mère ; puis elle réfléchit que sa nièce, bientôt, serait délivrée, et qu'elle reprocherait à sa fille son manque d'égards quand Jeannette lui reviendrait, dans deux ou trois semaines.

Mais voici que des propos étranges lui furent rapportés : Mengette, toute blanche et angoissée, s'en vint frapper à la porte : Jeanne, en s'éloignant, lui a dit : « Adieu » ! — « Adieu » ! répète la paysanne, dressée dans la grande salle ; elle avait eu un geste d'effroi ; déjà elle voyait sa fille courant vers les soldats. — Puis le père de Gérard Guillemette, un ami d'enfance de Jeanne, arriva à son tour. « Adieu » ! lui a-t-elle

lancé, à lui aussi, en passant devant sa maison ;
« je vais à Vaucouleurs. »

A Vaucouleurs ! le Doyen était accablé ; et il
gémit sur sa propre lâcheté, qui ne lui avait pas
permis de noyer l'enfant au lendemain de son
rêve. Il apostropha ses fils, il leur reprocha de ne
pas avoir eu plus de courage que lui. Pourquoi
n'avaient-ils pas coupé la branche pourrie de l'arbre sain ?

Alors, la dignité où l'avaient porté les siens
lui parut une amère dérision : lui, le Doyen !
quand il aurait dû être le dernier de tous pour
avoir une fille perdue avec les soldats ! Pourquoi
ne lui crachait-on pas plutôt à la face, ne l'abreu-
vait-on point d'insultes ? Il était un père désho-
noré.

Rigide et la bouche serrée, Isabelle, au milieu
du « poêle », baissait la tête. Elle n'entendait plus
les plaintes de son mari ; elle pensait que Jeannette avait dit adieu à tous, hormis aux siens.
Puis sans doute elle avait eu un grand geste d'effroi : elle se souvenait... elle se souvenait des
paroles dont elle avait entouré l'enfance de sa
fille : elle avait fait du Roi une personnification
de la Divinité sur terre ; elle lui avait répété que
le royaume de France était un saint royaume, et
elle avait maintes fois pleuré sur ses misères. En
même temps qu'elle imprégnait son âme de foi
chrétienne, elle lui avait inspiré le sentiment du
patriotisme. Et Jeannette, emportée par ses pa-

roles, en servant le « gentil Dauphin », voulait servir « le Roy du Ciel son droicturier et souve-« rain Seigneur, duquel elle est un chacun jour « en son service royal ».

La pauvre femme avait plié les genoux ; elle pleurait. Elle voyait bien que c'était elle qui, par ses propos, avait poussé la jeune fille à s'en aller vers le Dauphin. Elle avait envie de se traîner aux pieds de Jacques d'Arc, le bon époux qu'elle avait trahi en la personne de son enfant !

Puis Hauviette, à son tour, s'était glissée timidement dans la salle obscure. Elle venait demander si Jeannette était partie pour très loin, comme on le prétendait ; la petite compagne bien-aimée était passée devant sa chaumière sans même s'arrêter pour lui dire adieu ! Pourtant elle se croyait sa meilleure amie... — Isabelle l'avait contemplée en silence ; elles ne devaient comprendre que plus tard, l'une et l'autre, que Jeannette avait eu peur de s'attendrir au moment du départ.

Cependant rien de mal ne pouvait lui advenir, puisqu'elle était en la compagnie de Laxart, pensait Isabelle ; et elle reprenait espoir ; à d'autres moments, elle se demandait si Jeannette n'avait point perdu la tête, si cette obstination à vouloir rejoindre le Dauphin n'était pas le fait de la folie.

Les propos des commères qui parlaient de philtre et de mauvais sort lui revenaient à la mémoire.

Alors elle examinait minutieusement en sa pensée les moindres actions de l'enfant, pour bien se convaincre que la jeune fille était saine d'esprit et n'avait rien perdu de son bon sens ; elle ne parvenait pas à comprendre ; plus elle réfléchissait, plus ses idées s'embrouillaient.

Triste veillée ! Personne ne réclama de belle légende à Jacques d'Arc ; puis, quand vint la nuit, qu'il fallut fermer la porte pour se garder du froid, des voleurs et des loups affamés, et qu'elle songea que, peut-être, Jeannette s'était enfuie de la maison de Laxart pour courir à l'aventure dans la campagne, du côté de l'armée, Isabelle assurément eut le cœur qui lui fit bien mal.

Sous son écorce rude, elle cachait une âme tendre ; elle demandait à Dieu de lui rendre son enfant, mais, en même temps, elle avait peur de ce retour, car elle se souvenait des menaces de Jacques d'Arc. Elle était hantée par l'idée de la Meuse : lui faudrait-il voir son mari et ses fils y traîner Jeannette ? — A cette pensée, une sueur lui coulait sur tout le corps ; elle s'abattait sur un coffre, s'essuyait sous sa coiffe ; elle y demeurait courbée, la tête basse, accablée tout à coup par le travail de sa journée. Puis elle se redressait, elle regardait son mari immobile et blanc ; elle eût voulu lui parler, lui demander des détails, à lui qui avait vu ce seigneur de Baudricourt vers qui l'on prétendait que Jeannette s'était enfuie ; mais elle avait peur de réveiller sa colère.

La longue nuit, dont elle dut attendre l'aube pour courir chez Laxart ! Elle en entendit tous les bruits. On les imagine aisément ces bruits de la campagne endormie ; le chat-huant passa pour aller se percher dans l'arbre le plus haut de la vallée, et bien qu'elle ne fût point superstitieuse, Isabelle pensa que son cri lugubre était signe de malheur ; une plainte s'en vint du lointain, sans qu'elle pût en discerner la nature ; les vaches se retournaient sur leur paille et râclaient la muraille de leur dos puissant ; le cheval frappait le pavé de son sabot ; le feu s'éteignait avec un petit sifflement qui montait se perdre dans l'énorme hotte ; il mourut vers le milieu de la nuit. Elle avait de brefs assoupissements, dont elle sortait dans un sursaut : elle croyait que Jeannette était là, assise devant la cheminée, cependant qu'un vieux mendiant s'étendait à sa place dans son petit lit ; elle l'entendait respirer. Toutes ses gentillesses lui revenaient à la mémoire. Puis elle se répétait en elle-même ce qu'on lui avait conté : Jeannette voulait faire sacrer Roi le gentil Dauphin ! Ses mains se levaient, cachant sa face brûlée par l'insomnie ; elle était pleine d'épouvante ; elle pensait au démon ; elle savait qu'il était capable, pour perdre une âme, de se servir de la vertu elle-même ; peut-être était-il apparu à l'enfant sous la figure d'une sainte personne, et la jeune fille, croyant aller au-devant d'une mission divine, chevauchait sa monture infernale qui l'emportait vers le gouffre sans fond de l'orgueil, vers la damnation éternelle.

Jacques d'Arc, lui non plus, ne dormait pas ; le même tourment les tenait éveillés, l'un à côté de l'autre, dans le lit de leurs noces où ils devaient passer tant de longues nuits d'angoisse.

Quand le jour fut levé, ils se rendirent sans doute chez Laxart ; ce matin-là, le cheval qui les portait semblait ne pas avancer ; le Doyen l'éperonnait afin qu'il courût plus vite, mais son train n'arrivait pas à satisfaire l'impatience de Jacques d'Arc ; les paysans se demandaient s'ils n'allaient point apprendre que Jeannette avait fui de la maison de Laxart, et fouillaient la campagne de leur regard dans l'espoir de la rencontrer, de l'apercevoir paisiblement assise dans le jardin de leur neveu. Quand ils entrèrent dans sa maison, ils ne trouvèrent que la jeune femme enceinte, qui attendait le retour de son mari parti avec Jeannette.

Isabelle écoutait les paroles de sa nièce, qui l'avait vue la dernière... — après elle !... Jeannette lui avait demandé de donner le nom de Catherine à son enfant, si elle accouchait d'une fille, pour le souvenir de feu Catherine, sa sœur. En écoutant la jeune femme, la paysanne pensait à la morte ; et maintenant, l'autre courait vers la guerre et tous ses dangers...

Jacques d'Arc fit de vaines démarches ; et les jours passaient ; la chaumière était morne ; le père, comme à son ordinaire, la quittait dès l'aube pour s'en aller cultiver la terre, aidé de ses deux fils ; mais il ne se levait plus avec la même aisance, et il lui arrivait de grelotter dans le brouillard blanc du matin. Isabelle travaillait à la maison, plus chargée de besogne maintenant que Jeannette n'était plus là pour en prendre sa part ; elle le faisait en pensant à celle qui était partie.

Tout la lui rappelait : le lit couvert de son drap, et qui semblait attendre le sommeil de la jeune fille ; les sabots où Jeannette entrait ses pieds nus aux jours de pluie et qu'elle avait abandonnés dans un coin du « poêle », les écuelles qu'elle posait sur la table à l'heure de l'angelus que les cloches ne sonnaient plus ; sa solitude la déconcertait, lui serrait l'âme. Les deux femmes ne s'étaient jamais quittées ; à chaque instant, Isabelle avait la tentation d'appeler sa fille afin qu'elle vînt l'aider à soulever un baquet, à plier un drap, à tenir une étoffe. Elle avait le cœur lourd des paroles qu'elle ne pouvait plus lui dire, et, cependant qu'elle poussait son aiguille, elle pensait que, quelques jours plus tôt, Jeannette était là, assise à côté d'elle, occupée à coudre un galon à une robe, qu'elle lui tendait en demandant si c'était bien ainsi qu'elle devait faire.

Elle ne sortait plus de sa maison que pour les courses indispensables, car elle redoutait les curiosités malignes du village, et que quelque commère ne lui jetât par la figure qu'elle avait une fille qui courait avec les soldats. Aussi la voyait-on passer droite et fière, avec un grand air triste qui imposait silence aux plus hardis.

Mais elle ne pouvait empêcher les femmes de venir chez elle. Il y en avait que l'envie et la curiosité y poussaient. Elle s'installaient sur les coffres, en prenant leurs aises, et s'apitoyaient doucereusement : était-il possible que ce qu'elles avaient entendu conter fût vrai ? Jeannette, partie rejoindre les soldats ! Une fille si pieuse, si sage !

Leurs mines et leurs gestes disaient ce qu'elles n'exprimaient point, et Isabelle en recevait l'offense de son visage dur où pas un muscle ne bougeait.

Sans doute ne prononçait-elle plus le nom de l'enfant, car Jacques avait dû interdire qu'on y fît allusion devant lui.

Elle en parlait cependant à ses fils, à Pierre, à Jean, à Jacquemin, qui avait quitté sa ferme et était accouru vers les parents à la nouvelle du malheur qui les accablait. Il s'en montrait le plus affecté ; il ressentait la même honte que le père, et roulait dans sa tête des pensées funestes, qui lui faisaient une mine longue et morne.

LIVRE II

ISABELLE GLORIEUSE

son
dres
prét
enfa
l'in
I
Jean
ses
s
òais
un
E
d'ab
sent
mais

CHAPITRE VI

OU ISABELLE CONNAÎT ENFIN
LA VÉRITÉ MERVEILLEUSE ET PARDONNE

Un jour, Durant Laxart se présenta à la maison d'Isabelle. A sa vue, la grande femme se dressa ; Jacques d'Arc, lui aussi, s'était levé, tout prêt à jeter dehors ce complice du départ de son enfant, s'il devait sortir de sa bouche la honte et l'infamie.

Durant Laxart les ayant salués annonça que Jeannette l'avait envoyé en le priant de rassurer ses bons parents.

Aux premiers mots, le père gronda ; les fils baissaient la tête ; Isabelle dardait sur le visiteur un regard brillant.

Et Laxart parla sans qu'on l'interrompît ; tout d'abord, il dit le chagrin que Jeannette avait ressenti à leur désobéir et à les mettre dans la peine ; mais « Dieu commandait, il fallait obéir » ; puis il leur apprit des choses qui les stupéfièrent : leur fille entendait des voix célestes ! C'étaient ces voix qui lui avaient ordonné de quitter sa maison, ses parents, et de s'en aller rejoindre les soldats, pour délivrer la France en boutant hors les Anglais.

Jeannette s'était fait mener chez Baudricourt, et lui avait dit : « Qu'elle venait vers lui de la « part de son Seigneur, pour qu'il mandât au « Dauphin de se bien maintenir, et qu'il n'assi- « gnât point de bataille à ses ennemis, parce que « son Seigneur lui donnerait secours dans la Mi- « Carême... Le royaume n'appartenait pas au « Dauphin, mais à son Seigneur ; toutefois son « Seigneur voulait que le Dauphin devînt roi et « qu'il eût ce royaume en dépôt ».

Baudricourt, frappé de ces paroles, avait soupçonné qu'il y avait là quelque magie. Le peuple, lui, déjà ne doutait plus ; il était dans une grande admiration, et de toutes parts on venait voir Jeannette. Un gentilhomme, voulant l'éprouver, lui avait dit : « Hé bien, ma mie, il faut donc que le Roi soit chassé et que nous devenions Anglais ? » — sur quoi elle s'était plainte à lui du refus de Baudricourt. — « Et cependant », avait-elle ajouté, « avant qu'il soit la Mi-Carême, il « faut que je sois devers le Roi, dussé-je, pour « m'y rendre, user mes jambes jusqu'aux genoux ; « car personne au monde, ni roi, ni duc, ni fille « du roi d'Écosse, ne peuvent reprendre le

« royaume de France, et il n'y a pour lui de
« secours que moi-même ; quoique j'aimasse
« mieux rester à filer près de ma pauvre mère,
« car ce n'est pas là mon ouvrage ; mais il faut
« que j'aille et que je le fasse, parce que mon
« Seigneur le veut ».

Éconduite par Baudricourt, elle avait demandé
à Laxart de lui prêter des habits, car les chemins
étaient peu sûrs. Les parents eurent alors une
plainte d'horreur : Jeannette vêtue en homme !
Ils ne virent plus que cela. C'était aussi abomi-
nable qu'un crime, et tous les anathèmes s'entre-
choquaient dans leur tête.

Cependant Laxart poursuivait son récit : Jeannette, devant le refus de Baudricourt, avait déclaré qu'elle voulait partir sans plus tarder. Elle
s'en était donc allée, accompagnée de lui, Laxart,
et de Jacques Alain ; mais à Saint-Nicolas-de-
Sept-Fonds, à une lieue de Vaucouleurs, la jeune
fille avait réfléchi et ils avaient brusquement
tourné bride : Laxart avait confié sa nièce à un
honnête homme de ses amis, Henri Le Royer, ou
Le Charron, qui habitait Vaucouleurs, et à sa
femme Catherine.

Tandis que Jeannette attendait à Vaucouleurs
le moment propice pour tenter une démarche suprême auprès de Robert de Baudricourt, le duc
de Lorraine, malade, avait désiré la voir ; elle
était partie pour Nancy, accompagnée de Laxart
et d'Alain. Le duc avait voulu connaître s'il se

rétablirait. « Dieu le sait » ! avait-elle répondu ;
et elle lui avait reproché le scandale de sa vie.
Il se gouvernait mal ; il ne guérirait pas, s'il ne
s'amendait ; elle l'avait engagé vivement à reprendre sa bonne épouse. Puis elle lui avait demandé son fils pour la mener au Roi ; le duc
l'avait renvoyée, en lui donnant quatre livres d'or
et un cheval noir. Ils étaient rentrés à Vaucouleurs par Saint-Nicolas-du-Port, où Jeannette voulait prier.

Un jour, Baudricourt et Jean Fournier, curé
de Vaucouleurs, étaient venus en la maison
d'Henri Le Royer et s'étaient rendus auprès de
Jeannette ; alors le curé, revêtu de son étole,
l'avait adjurée de s'éloigner, si elle était possédée
de l'esprit malin. Pour toute réponse, la jeune
fille s'était agenouillée et avait répondu : « Mes
« sire, vous devriez savoir si l'esprit malin habite
« en moi, puisque vous m'avez entendue en
« confession ».

Le 12 février, elle s'en était allée de nouveau
chez Baudricourt et lui avait dit à brûle-pourpoint : « En nom Dieu, vous tardez trop à m'en
« voyer. Aujourd'hui, le gentil Dauphin a eu
« près d'Orléans grand dommage, et il sera en
« danger de l'avoir plus grand si ne m'envoyez
« bientôt vers lui ».

Alors, Baudricourt avait préparé son voyage.

Et elle était partie trouver le Roi à Chinon,
accompagnée de Bertrand de Poulangy et de Jean

de Metz, que connaissaient bien Jacques et Isabelle, et de quelques hommes d'armes. Il n'y avait plus ni routes, ni ponts ; les rivières étaient grosses ; les Bourguignons infestaient le pays. Ses compagnons hésitaient ; elle était sans peur ; elle disait : « Ne craignez rien ; Dieu me fait ma route ; c'est pour cela que je suis née ». — Ou encore : « Mes frères du paradis me disent ce que j'ai à faire ». — Le 22 février, les habitants de Vaucouleurs étaient venus jusqu'à la porte de France acclamer Jeannette qui partait sur son coursier, revêtue de son habit de guerre. Robert de Baudricourt, ému, lui avait dit : « Allez ! allez ! et advienne que pourra ! »

Il leur contait ces choses, car il les avait vues, étant parmi ces compagnons qui suivaient Jeannette ; mais il l'avait quittée, sur sa prière, pour s'en venir conter sa mission à ses bons parents et les prier de lui pardonner. Puis, se tournant vers les garçons silencieux, il les avait conjurés, au nom de Bertrand de Poulangy et de Jean de Metz, de rejoindre leur sœur. Les jeunes gens hésitaient, car tous deux venaient de se marier ; mais Isabelle, elle aussi, les en pressa ; son intervention fut, sans doute, décisive.

Elle ne doutait plus, maintenant, de la mission de Jeannette ; le miracle ne l'étonnait pas : ne savait-elle point qu'on le trouvait à tous les pas, à toutes les pages des livres pieux ? Les statues et les fontaines guérissaient les malades, les martyrs décapités portaient leur tête, les bêtes fauves léchaient les pieds des vierges, les morts ressuscitaient quelquefois ; les Séraphins avaient parlé à sainte Geneviève, une humble fille de paysans comme Jeannette ; qu'y avait-il d'étonnant à ce que le Seigneur Dieu dépêchât ses anges à celles de ses créatures qu'il destinait à l'accomplissement de ses desseins ? Qu'il eût choisi Jeannette lui paraissait maintenant tout naturel ; Isabelle savait que le Christ appelait toujours à lui les petits enfants, et que, de tous, il préférait les plus humbles.

Alors, puisque Dieu commandait, il fallait obéir ; et elle encourageait ses fils à partir ; elle pensait aussi qu'avec eux, Jeannette ne serait plus isolée au milieu de ces soldats, dont elle conservait, malgré tout, une grande frayeur.

Les garçons hésitaient ; Pierre et Jean s'épouvantaient de quitter les parents au moment où ils étaient pleins d'angoisse, et de laisser le père tout seul avec ses vingt-quatre arpents de terre ; mais Isabelle montrait ses bras : n'était-elle pas là ? ne savait-elle pas conduire une charrue, monter les chevaux, moissonner le blé ?

La chaumière fut alors bien morne. Catherine était morte un an plus tôt ; Jeannette venait de partir à la guerre ; Pierre et Jean allaient l'y rejoindre bientôt. La table de famille semblait trop grande pour eux ; les bouts en demeuraient vides ; ils entendaient le bruit laborieux de leur mastication. Jacques d'Arc restait sombre ; il ne pouvait s'accoutumer à penser que Jeannette chevauchait au milieu des soldats, sous un costume d'homme. Il était encore plein de doute, et sa santé s'altérait ; il avait des étourdissements ; ses oreilles semblaient s'écarter de sa figure, devenir plus grandes ; ses yeux prenaient un regard inquiet ; il fallait qu'Isabelle rétrécît ses chausses.

Tous les quatre parlaient peu ; quand leur bouche s'ouvrait, c'était pour répéter les choses merveilleuses qu'ils avaient entendu conter par Laxart ; elles étaient suivies de longs silences où chacun d'eux retombait dans ses pensées ; Isabelle ne s'étonnait pas que Jeannette fût hardie devant les grands : Dieu parlait par sa bouche ; Dieu expliquait tout. Cependant il lui était parfois difficile de ne pas s'effrayer en songeant à tous les périls auxquels sa fille se trouvait exposée : le feu, l'eau, l'arc, la bombarde, le Bourguignon, l'Anglais !

Un jour ils reçurent, ainsi que Laxart l'avait annoncé, une longue lettre dictée par Jeannette. La jeune fille demandait qu'on lui pardonnât, et priait probablement Isabelle de se rendre au prochain pèlerinage du Puy, ainsi qu'elles en avaient ensemble, depuis longtemps, formé le projet. La petite guerrière espérait beaucoup y rejoindre sa mère, afin de placer sa mission sous la protection de la Vierge Noire qu'on y allait prier.

On ne nous dit point comment ils la reçurent, cette lettre de la bien-aimée petite guerrière, mais peut-on ne pas imaginer leurs gestes, leurs paroles, leur grande émotion ?

Jacques d'Arc lisait lentement la lettre qui tremblait entre ses doigts. Il s'était tourné sur son coffre de façon que la transparence des petits carreaux l'éclairât, et ses paupières étaient à demi baissées sur les yeux, où montaient des larmes. Il était plus blanc encore que de coutume, avec une ride plus creuse au coin de sa bouche, qu'il tirait en lisant...

Isabelle s'était assise pour mieux l'entendre ; elle écoutait avec toute l'attention qu'elle apportait au sermon du dimanche, et chacun des mots écrits sur le papier lui perçait l'âme comme s'il eût été la longue aiguille de son fuseau. Quand la lecture en fut terminée, les parents, longtemps, demeurèrent silencieux, avec des larmes qui coulaient sur leurs visages ; puis Isabelle prit le papier ; elle le tournait entre ses doigts ; elle en contemplait les signes incompréhensibles pour elle, en pensant que c'était Jeannette qui parlait là-dessus. Et il avait fallu que Jacques d'Arc relût plusieurs fois la lettre, jusqu'au moment où tous deux l'avaient sue par cœur.

*
**

Cependant qu'ils étaient ainsi tout occupés
d'elle, Jeannette attendait à Chinon que le Roi la
reçût, et Domremy, un jour, vit arriver, venant
de Vaucouleurs, deux religieux de l'Ordre de
Saint-François qui entrèrent dans toutes les maisons. Ils avaient parlé à l'Échevin, au Maire, au
curé ; maintenant ils interrogeaient les paysans
terrifiés au fond de leurs chaumières.

Qui donc était accusé de sorcellerie ? Déjà les
corps tremblaient et la chair s'effrayait du bûcher
de l'Inquisition. Les habitants hagards se dressaient quand les moines poussaient la porte de
leur seuil ; ils cherchaient éperdûment dans leur
mémoire s'ils n'avaient point juré ou commis
d'action propre à faire croire à quelque diablerie,
et se demandaient déjà qui les avait dénoncés.
Mais bientôt leurs visages s'épanouissaient : ce
n'était point pour eux que l'on venait ! Les deux
hommes d'Église étaient envoyés par Charles VII
pour enquêter sur la vie privée de Jeannette et
de sa famille. Alors leurs langues paralysées se
guérissaient comme par enchantement, et ils comprenaient tout à coup les questions qui leur
étaient posées. Et les vieilles femmes qui, tout le
jour, épiaient le village, assises derrière leurs petits carreaux plombés, et qui enrageaient de n'y
pouvoir rien reconnaître, les vieilles curieuses et

cancanières dont Jeannette avait si grand'peur, ne disaient pas de méchancetés ; les filles n'étaient point jalouses ; les matrones n'avaient pas de blâme. Au contraire, les langues étaient douces, les paroles louangeuses ; les grand'mères s'attendrissaient sur les grâces de celle que l'on commençait d'appeler « La Pucelle » ; les pauvres se souvenaient d'avoir reçu ses aumônes ; les hommes vantaient la grande probité du Doyen ; les femmes disaient la sagesse, la vaillance et la charité d'Isabelle ; les jeunes filles pleuraient la compagne de leurs jeux. Les religieux étaient émerveillés d'un tel concert de louanges, où ils n'avaient pas à relever un seul blâme.

Cependant la nouvelle de leur arrivée avait été portée à Isabelle, qui, déjà, courait sur la route à leur rencontre ; elle pensait qu'ils avaient vu Jeannette avant de partir, et les questions se pressaient sur ses lèvres ; mais elle les retenait. Tout le village était là, anxieux, attentif à l'entrevue ; Jeannette déjà ne lui appartenait plus, elle appartenait à ces foules qui lui donnaient un nom nouveau, un nom brutal que la mère ne pouvait se décider à prononcer. Et puis, sans doute, c'étaient de petites choses si infimes qu'Isabelle avait à demander ! La paysanne eût voulu savoir, par exemple, si l'on était gentil pour elle, si elle n'avait point de peur de s'en aller à la guerre, elle que la vue du sang faisait pleurer ; s'il n'y avait pas des gens pour lui vouloir du mal... —

La mère eût aimé apprendre que Jeannette avait parlé de ses parents à ces deux religieux qui s'en allaient vers son village, et qu'elle pensait à eux au milieu de toutes ces choses merveilleuses qui avaient bouleversé son existence. — Mais qu'importait aux envoyés de Charles VII ! Ils étaient venus demander aux gens de Domremy si Jeannette était digne de comparaître devant le Dauphin et de lui rendre son beau royaume ; les regrets d'une mère ne les regardaient pas.

Et, le voile courbé devant le froc des moines, Isabelle disait simplement sa soumission à Dieu et à l'Église.

Ils s'en retournèrent donc, emportant les meilleurs renseignements sur la famille d'Arc. Mais quand ils arrivèrent à Chinon, la Pucelle avait déjà été reçue par Charles VII.

CHAPITRE VII

COMMENT ISABELLE SE MET EN ROUTE ET PREND PART AU GRAND JUBILÉ DE NOTRE-DAME-DU-PUY-EN-VELAY.

L'époque du jubilé du Puy étant proche, Isabelle se mit en marche, cependant que Pierre et Jean s'apprêtaient à aller rejoindre Jeannette.

La route était longue, infestée de bandits, et, cette année-là, les pluies étaient tombées si abondantes, que les rivières avaient inondé la campagne ; en maints endroits elles avaient emporté les ponts ; les chemins étaient transformés en bourbiers, et on voyait les déchaussures des loups sur la terre molle des bois où glissaient les semelles.

Il arrivait aussi qu'on trouvât des robes pendues aux branches, où collaient des morceaux de chair bleue.

Il fallait avoir le cœur solide pour entreprendre un pareil voyage.

La voici donc marchant au milieu d'autres pèlerins et de pieux hommes d'armes, comme si elle-même se rendait à la guerre. Le soir, aux auberges, ses jambes étant enflées, elle avait peine à lever les pieds ; alors, elle songeait à tout le chemin qu'il lui restait à parcourir, et s'en effrayait. Mais aussitôt elle se secouait, elle se fâchait contre la paresse de son corps : n'était-elle donc plus capable de se porter elle-même ? Elle pensait que Jeannette, exposée aux plus grands périls et chevauchant jour et nuit, avait traversé la moitié de la France. Alors elle s'indignait contre sa propre lassitude ; elle avait honte du plaisir qu'elle éprouvait à s'étendre sur la misérable paillasse de ses couchées de hasard, honte de la nourriture que réclamait son corps, quand elle eût voulu le conduire dans la pénitence et les privations. Puis elle se disait que Jeannette était au bout de sa route ; une grande impatience la prenait ; elle regrettait de ne pouvoir marcher toujours, sans arrêt, sans repos. C'était pour elle une telle joie de penser qu'elle allait la revoir ! Elle avait tant de choses à lui dire, et tant à apprendre d'elle !

A mesure qu'elle approchait du Puy, la campagne devenait plus peuplée ; elle rencontrait de longues théories de gens ; ils avaient cousu des coquilles à leurs manteaux et tenaient en main le bâton du pèlerin. Certains venaient de très loin ;

il y en avait dont les pieds avaient des semelles de corne, et la boue des chemins ne laissait plus voir la couleur de leur peau ; la barbe leur descendait jusqu'à la ceinture, et, quand ils s'engageaient dans les bois, les buissons en arrachaient des poils ; leurs yeux s'enfonçaient dans la broussaille de la face ; il fallait le murmure de leurs oraisons pour que l'on devinât leur bouche ; ils étaient pleins de vermine ; ils n'avaient plus le temps de se laver ; ils allaient de pèlerinage en pèlerinage. Ils avaient abandonné leur maison, leur famille, et l'on se demandait quel crime ils venaient expier.

L'origine du jubilé du Puy-en-Velay remontait à des temps lointains ; les gens croyaient alors que la fin du monde arriverait lorsque la fête de l'Annonciation tomberait un Vendredi-Saint ; or, ceci devait se produire en l'an 992. A l'approche de cette funeste conjonction, les multitudes s'étaient dirigées vers les lieux saints, afin d'implorer grâce et miséricorde. Le sanctuaire du Puy, en particulier, avait reçu une grande quantité de pèlerins.

Et le monde n'avait point été anéanti.

Alors, en mémoire de ces choses, le Saint-Siège avait institué un jubilé solennel pour les années où l'Annonciation et le Vendredi-Saint coïncideraient.

L'opinion publique voulait qu'il survînt des événements extraordinaires chaque fois que cela advenait, et les pèlerins étaient innombrables comme les vagues de la mer. Ils traversaient les champs, débouchaient des bois, descendaient des collines, et c'était un flot de peuple que l'horizon déversait à la plaine, qui se couvrait d'une foule qu'on voyait onduler et grandir peu à peu.

Bientôt Isabelle approcha de la cité, et le peuple se fit de plus en plus dense. Les grands chemins ne lui suffisaient plus : il les avait élargis en s'écoulant par les vignes, et en avait tracé de nouveaux en ravageant les champs sur une largeur de trois à quatre toises. Isabelle et ses compagnons, murés à l'entrée de la ville dans cette foule qui ondulait sans paraître marcher, levaient la tête pour apercevoir le sommet des deux monts dressés dans la vallée, l'un petit et aigu, portant le sanctuaire de l'Aiguille, dédié à saint Michel, l'autre, le mont Anis, ou l'on avait bâti l'église Notre-Dame. De brumeuses montagnes se dessinaient dans le lointain.

Isabelle s'était tout d'abord vivement irritée d'être sans cesse arrêtée dans sa marche au milieu des pèlerins, car cela retardait le moment de rejoindre sa fille ; puis une grande lassitude l'avait prise quand elle avait constaté son impuissance à se sortir de la cohue, et elle était tombée en de profondes réflexions. Elle pensait aux bonnes veillées d'autrefois, où Jacques d'Arc, assis sur un coffre et le visage baigné par la lumière jaunâtre de la petite lampe à huile, contait la belle légende de l'origine du Puy ; ses enfants étaient tous là : Jacquemin, Catherine, Jean, Pierre, Jeannette... — A s'en souvenir, à les revoir faisant le cercle autour de la cheminée, elle sentait mieux l'abandon du foyer. Et les paroles du Doyen remontaient dans son cœur, comme si elle se fût trouvée en sa maison et qu'elle l'eût écouté parler.

Il disait : ...Ils fondaient aux rayons du soleil qui brûlait comme un feu d'enfer, et s'épongeaient avec des pans de leurs robes ; or, chose merveilleuse, de la neige bleue étincelait au sommet de la montagne, et, comme s'il pouvait rester encore quelque doute dans l'esprit de l'assistance sur les volontés d'En-Haut, tout à coup apparut un cerf qui, dans une course rapide, se mit à tracer sur la neige le plan de l'édifice et disparut ensuite, sans qu'on pût savoir d'où il était venu et comment il était parti... Puis chacun s'achemina vers la montagne. Quand on fut au moment d'entrer dans l'église, les portes s'ouvrirent d'elles-mêmes, les cloches sonnèrent à toute volée ; les Anges avaient allumé les cierges, et des parfums divins étaient répandus...

Tous les pèlerins fixaient la ville de leurs prunelles ardentes... Elle était entourée de hauts remparts, faits en pierre volcanique où l'on reconnaissait encore la trace des coulées de lave. On l'avait percée de onze portes par où le peuple envahissait la cité ; des tours sinistres regardaient la vallée.

Elles étaient pourvues d'un appareil militaire redoutable, et l'on voyait sur leur plate-forme, entre les créneaux, les bouches à feu de deux cents gros canons, coulevrines ou fauconneaux.

Sur la colline de Ronzon, on avait dressé un gibet à quatre piliers. Il servait à effrayer les malfaiteurs que les pèlerinages attiraient en grand nombre. La ville, en outre, était opulente ; les marchands y regorgaient d'or ; il fallait les protéger, et les six consuls, vêtus de toges, de chaperons et de manteaux rouges, qui gouvernaient la cité, le faisaient dans un appareil redoutable.

Les magasins étaient pleins de poudre, de cuirasses, de morillons, d'épées achetées chez les marchands ferratiers de Saint-Étienne, car l'on se méfiait des convoitises qu'excitait une telle réunion de richesses, et toutes les rues portaient des chaînes qu'on tendait dans les cas d'extrême danger. Il n'y avait pas moins de six cents soldats, arquebusiers et arbalétriers, qui faisaient fièrement sonner sur le pavé leurs longues pertuisanes. La milice communale était permanente ; un capitaine-mage la commandait. Le guet organisait des rondes incessantes ; il arrêtait tous les passants suspects ou tapageurs. Devant les portes principales, sur les places publiques, on dressait des piloris ; à chaque instant avaient lieu des exécutions. On coupait les bras et les jambes des criminels avant de les décapiter, afin que l'horreur du supplice effrayât leurs semblables.

Enfin, quand sonnait l'heure du couvre-feu, l'habitant se barricadait chez soi, au milieu de ses richesses ; on entendait les grosses clefs tourner dans les grandes serrures, les chaînes retomber et cliqueter contre les fers des portes, les barres pesantes entrer dans leurs anneaux.

Les pèlerins grouillaient dans les rues d'un bout de l'année à l'autre ; mais quand venait le temps du jubilé, ce qui était arrivé deux fois depuis le commencement du siècle, la foule devenait si dense qu'elle semblait devoir faire éclater les maisons et qu'il y avait quelque chose d'effrayant à la voir arriver comme un océan qui eût poussé les unes sur les autres ses vagues humaines. Sa presse faisait craquer les portes de la ville, et culbutait parfois des pans de murs.

Cette invasion avait lieu le Jeudi-Saint ; et le Vendredi-Saint les pèlerins s'en allaient.

On voyait alors les marchands faire des préparatifs monstrueux.

Les bijoutiers — il y en avait beaucoup — déballaient les caisses de perles qu'ils faisaient venir de très loin ; les verroteries tintaient au bout des doigts qui les accrochaient à la devanture, pour être la tentation des filles qui s'en reviendraient de leurs dévotions ; les anneaux d'or, d'argent ou de verre montaient en piles, les broches ne laissaient plus apercevoir le velours des écrins, les tiroirs étaient si remplis de joyaux qu'on devait les laisser ouverts. Les merciers accourus de Paris, Lyon, Limoges, étaient les plus nombreux ; ils n'arrêtaient plus de pendre, d'étaler, d'embobiner, de tuyauter, de mignoter. La sueur des boulangers coulait dans la pâte de leur pétrin ; ils enfournaient des milliers de pains. Les charcutiers hachaient, trituraient, emplissaient des boyaux, et les chapelets de boudins pendaient, luisants et gras, au-devant de leurs boutiques ; les charcuteries formaient des pyramides de chair rose, s'étalaient, s'entassaient. Les fermes des environs avaient tué tous leurs bœufs, tous leurs porcs, tous leurs chapons. Chez les pâtissiers, il y avait des montagnes de pâtés, de tourtes et de brioches.

A mesure qu'Isabelle approchait, la cathédrale montait au sommet de sa roche, échappait à ses farouches murailles teintes par la lave des vieux cratères depuis longtemps refroidis. Elle n'avait alors que l'abside actuelle et la coupole, appelée la chambre évangélique.

Elle élevait au-dessus de la ville fortifiée des arcades en plein cintre couronnées de frontons triangulaires ; ceux des collatéraux laissaient passer le ciel, et l'on avait incrusté ses murs de pierres volcaniques qui la rayaient de bandes diversement colorées, où les regards s'attachaient de très loin dans la plaine.

Mais la foule avançait lentement. Isabelle vit des prêtres au pied de la muraille de la ville : n'ayant pu trouver de place dans les cimetières et dans les églises du Puy, ils confessaient là, dans les prés, et le nombre des pénitents qui attendaient l'absolution grossissait de seconde en seconde ; les confesseurs n'avaient pas le temps d'absoudre que déjà d'autres péchés leur étaient criés. C'était une confusion de fautes vénielles et de crimes qui les submergeait, et ils ne faisaient plus de distinction entre tous ces pécheurs qui se pressaient à leurs pieds en implorant pitié et miséricorde.

Puis Isabelle fut serrée plus fortement par les gens qui l'entouraient ; elle eut le souffle coupé ; on lui tira son voile ; ses propres coudes lui entraient dans les hanches ; une poitrine s'écrasait sur son dos, un nez soufflait sur son cou, et elle-même avait la bouche collée à la nuque d'un pèlerin. Il y eut une grande poussée, d'où jaillirent des cris. La porte de la ville, probablement la porte Sainte-Agrève, venait d'être franchie. Elle s'ouvrait sur le carrefour appelé « les Quatre-Voies » ou « du Terrail », au centre duquel se dressait une potence dont le bras émergeait de la houle des têtes.

Des épées, des piques, des bâtons coiffés de chapeaux, ou bien ornés d'un voile qu'on avait noué à leur bout sortaient de la foule, tenus droits comme des cierges. C'était le signe de ralliement des familles qui redoutaient d'être dispersées dans la cohue.

****

Isabelle avait bien hâte de revoir sa fille. Elle se demandait de quel air la petite guerrière l'aborderait, et se promettait le plus grand bonheur de ces quelques instants qu'il allait lui être donné de passer auprès d'elle ; les questions déjà se pressaient sur ses lèvres, quand elle ne trouva, à la place de l'enfant espérée, que deux hommes d'armes, les fidèles compagnons de la Pucelle, Bertrand de Poulangy et Jean de Metz, que Jeannette, retenue auprès du Dauphin, avait envoyés à sa place au pèlerinage du Puy.

La pauvre Isabelle fut accablée de la plus cruelle déception. Depuis des jours et des jours, elle marchait avec cet espoir dans le cœur ; toute sa route en avait été embellie, et voilà qu'elle n'avait devant elle que deux inconnus. Bien des jours devaient passer avant qu'elle revît sa fille.

Ce fut sans doute dans une auberge que la paysanne rencontra les deux soldats.

Elles étaient nombreuses, ces auberges, et si pleines de monde que les buveurs en débordaient. La plupart se trouvaient dans la rue des Farges et la rue Saint-Gilles. On les reconnaissait à leur enseigne grise à la croix blanche, et les taverniers suspendaient au-dessus de leur porte une branche de genêt ou de pin d'où pendait une serviette.

Pour mieux tenter les pèlerins altérés par le long voyage et la poussière des chemins, ils exposaient le vin blanc ou clairet dans des « seuilles », à l'entrée de leur logis.

Il y avait les hôtelleries de l'Escu de France, de la Pomme, du Chapeau Rouge, les logis de la Fortune, de l'Ange, du Porchet Nègre, d'Aulbény, et, proche les Frères Minimes, l'hostellerie du Faucon, où descendaient les seigneurs, les évêques et les capitaines de passage.

On y voyait bien des gens tomber à demi inanimés, épuisés de fatigue et tout délabrés, car ils n'avaient point toujours rencontré d'auberge sur leur chemin. La ville les réconfortait ; elle distribuait de grandes aumônes aux pèlerins ; mais elle n'entendait pas qu'on se laissât aller à boire plus que de raison, et les consuls faisaient exposer les ivrognes, un jour entier, sur des piliers de pierre, au milieu des places publiques.

La foule, cette année-là, témoignait d'une ferveur particulière. Elle attendait un miracle. Lui viendrait-il par cette vierge de Lorraine dont on contait de si merveilleuses histoires ? On se le demandait. Isabelle entendait le nom de Jeanne la Pucelle passer de bouche en bouche ; mais elle n'en éprouvait point d'orgueil. Elle marchait maintenant vers le sanctuaire, et méditait si profondément que le tumulte qui l'entourait n'était pour elle qu'un bruit lointain.

Une procession cheminait par la cité ; elle

avançait avec ses cierges dont le grand jour blanchissait les petites flammes, ses bannières et ses chants. Toute la ville du Puy y figurait ; les artisans défilaient en bon ordre, groupés par corps de métiers ; les nobles et les bourgeois étaient à cheval. Les marguilliers de chaque paroisse portaient sur un embaloir la statue de leur patron ; le clergé des nombreuses églises de la cité fermait la marche, suivi du « chanoine bedeau » accompagné de tous les « choriers » qui ouvraient toute grande la bouche pour lancer leurs cantiques et s'étaient mis sur les épaules de belles chapes brillantes.

Quand elle fut passée, emportant avec elle le bruit de la musique, celui du fer des chevaux et du piétinement de la foule, on entendit les cris des merciers. Plantés devant leurs boutiques, ils essayaient d'arrêter les passants en leur annonçant les merveilles qu'ils possédaient :

J'ay des mignotes ceinturètes, disaient-ils ;
J'ay beax ganz à damoiselètes,
J'ay ganz forrez, doubles et sangles,
J'ay de bonnes boucles à cengles,
J'ay chainètes de fer bèles,
J'ay bonnes cordes à vièles,
J'ay des guimples ensafranées,
J'ay aiguilles encharnelées,
J'ay escrins à mettre joiax,
J'ay borses de cuir à noiax,

. . . .

J'ay soie rouge, inde et perse,
J'ay soies noires et soies fines,
Plus blanches que n'est fleur d'épines,

J'ay beaux poilles surargentés
A feuilles d'or parmi plantés.

.   .   .   .

Isabelle, accompagnée de Bertrand de Poulangy et Jean de Metz, était sans cesse arrêtée par la foule, et, à mesure qu'elle approchait de la cathédrale, les attentes immobiles, emmurées au milieu de tous ces corps vêtus de bure et de drap râpeux, devenaient de plus en plus fréquentes. Les pavés glissants et inégaux occasionnaient des chutes dangereuses, et la foule était si dense que ceux qui laissaient tomber quelque objet n'osaient se baisser pour le ramasser, de peur d'être foulés aux pieds.

Bientôt il fut impossible d'avancer ; l'église était au bout de la rue, serrée par deux rangées de hautes maisons de lave. La foule couvrait son gigantesque escalier qui continuait de monter dans la cathédrale, de sorte que le prêtre, à l'autel, pouvait bénir tous les pèlerins jusqu'au bas des gradins.

Toutes sortes de marchands se tenaient aux abords de l'église et dans les rues avoisinantes ; les imagiers vendaient des statuettes, des images de saints, des crucifix, et surtout des Vierges Noires qui ressemblaient à celle qu'on venait visiter et implorer dans l'ombre mystérieuse de son sanctuaire. Il y avait aussi des bateleurs qui représentaient leurs farces. Les musiciens des vieilles confréries soufflaient dans des fifres, des hautbois, jouaient de la chevrette, frappaient sur des tambourins.

Et partout l'on confessait ; les pénitents devaient crier leurs péchés dans l'oreille du prêtre penché vers eux, à cause du tumulte, des musiques et des cris.

Cependant Isabelle essayait vainement d'avancer ; elle étouffait ; elle ne priait plus ; on lui avait arraché son voile ; elle avait le visage tout rouge ; les deux hommes d'armes, qui avaient vu des combats, ne se souvenaient pas d'avoir jamais été aussi pressés. Ils sentaient les mailles de leurs cottes leur entrer dans la chair, et essayaient vainement de faire à la mère de Jeanne un rempart de leurs corps. Ils étaient poussés sur elle. Il montait de cette foule, canalisée par la rue et immobilisée depuis des heures, une chaleur insupportable. Les souffles nauséabonds des malades empuantissaient l'air. Toutes les laines suaient.

Des curieux, penchés à leur fenêtre, respiraient l'haleine qu'exhalait ce tassement humain. Ils entendaient les gens gémir sur la chaleur qui les suffoquait. Certains habitants, craignant alors qu'ils étouffassent, et voulant leur verser de l'eau sur la tête et leur jeter des fruits par la fenêtre afin de les rafraîchir, s'en allaient chercher des pots et des plats [1].

---

1. En 1502, les pèlerins se pressaient si fort l'un contre l'autre que, de peur qu'ils n'étouffassent, il fallut effective-

La foule resta ainsi plusieurs heures, tous les corps se soutenant les uns les autres, cependant que ployaient les jambes.

Puis elle avait commencé de gravir le grand escalier qui menait à l'église, et qui n'était plus maintenant qu'une houle de bonnets, de voiles, de capuces, de chaperons ; et l'on y voyait des brancards avec des moribonds, des boiteux, des paralytiques ; toutes les chairs se tendaient. Il fallait approcher de la Vierge miraculeuse pour être guéri. Les années où l'indulgence plénière ne durait que du jeudi matin au vendredi à dix heures, la dévotion se muait en fureur, car on n'avait devant soi que quelques heures pour bénéficier des faveurs attachées au pèlerinage ; et l'on ne pouvait avancer à cause de toute cette humanité que la cathédrale, gorgée de monde, refoulait aux portes et qui dressait un mur de corps entre la Vierge et la rémission des péchés !

Le Christ, dont on venait implorer la Mère, avait dit : « Aimez votre prochain comme vousmême... » — mais le prochain, à cet instant, c'était l'obstacle qui barrait la route du salut, le pèlerin fortuné qui allait avant soi atteindre la statue miraculeuse, c'est-à-dire la guérison du corps, le salut de l'âme ! Les plaies s'élargissaient, les yeux sortaient des orbites, les goîtres se gon-

ment leur verser de l'eau sur la tête par les fenêtres des maisons.

Discours historiques de la très ancienne dévotion à Notre-Dame-du-Puy, par le P. O.-S. de Gissey — 1620.

flaient, les idiots devenaient féroces, les boiteux tapaient les jambes avec leurs béquilles. Il y en avait d'enragés qui voulaient mordre les cous et les oreilles. La cire brûlante des cierges coulait sur les doigts. Toutes les bouches hurlaient ; l'on ne savait plus si c'étaient des prières ou des cris de douleur. Jamais les hommes ne s'étaient tant haïs.

En l'an 1407, sept pèlerins avaient péri étouffés par la foule, et, en 1418, où l'on n'avait pas ouvert assez de portes à l'église, car on craignait que les gens ne fussent projetés dans le vide du grand escalier, dont les dernières marches étaient à la hauteur du troisième étage des maisons, il y avait eu trente-trois victimes.

En 1429, le peuple de pèlerins où se trouvait pressée Isabelle fut loin d'atteindre à une telle fureur ; le Pape, à la demande de Charles VII, avait prorogé l'indulgence plénière jusqu'au dimanche de Quasimodo, et les gens, ayant plus de temps devant eux, se montraient moins impatients de se dépasser les uns les autres. La foule, cependant, n'avait jamais été aussi nombreuse ; tout ce qui était encore Français avait fait le voyage du Puy pour s'en venir demander la fin des misères du royaume de la Vierge miraculeuse rapportée de Palestine par le roi Louis IX. On l'avait dressée sur une estrade, à côté du Saint-Sacrement ; elle était noire, et assise ainsi qu'une idole. Les gens, « en « passant dessoubz, jetaient leurs chappeaux, leurs

« bonnets, et aultres choses en hault pour faire
« attoucher ledict eschauffault sur lequel estoit
« Dieu et le dévoct, merveilleux et prophétique
« ymage Notre-Dame ». — C'était un tourbil-
lonnement d'objets qui se mêlaient, frappés par
le grand jour, et que rattrapaient au hasard les
bras tendus des pèlerins.

Isabelle, à genoux sur les marches de l'immense escalier, d'où montait un murmure d'oraisons, priait pour la France et pour son enfant.
Elle se souvenait des jeûnes que s'imposait Jeannette à l'intention du pauvre peuple dont elle
avait si grande compassion.

Comment entendait-elle la mission de sa fille ?
Son esprit, peuplé de saints tel un tympan
d'église, où les têtes ont des ailes qui les portent
sur des nuées, entrevit-il, comme indispensable
apothéose, le supplice au bout de ce chemin de
gloire tracé par le miracle ? Peut-être, car elle savait bien que les vierges de sa Légende Dorée
avaient toutes subi le martyre dans les plus belles
années de leur âge.

Ce fut dans la foule innombrable des pèlerins
du Puy qu'elle rencontra un religieux des Ermites
de Saint-Augustin appelé Frère Jean Pasquerel.
Par une mystérieuse divination, ils se joignirent
au milieu de tout ce peuple, se parlèrent dans ce

tumulte qui empêchait les gens d'une même famille de s'entendre les uns les autres. Bertrand
de Poulangy et Jean de Metz l'ayant entretenu
de la Pucelle, lui dirent : « Il vous faut venir
avec nous auprès de Jeanne ; nous ne vous quitte-
rons que nous ne vous ayons conduit auprès
d'elle ». — Et Frère Jean les suivit.

Isabelle, avant de quitter le Puy, dut gravir la
pente abrupte de l'Aiguille Saint-Michel, et aller
se prosterner aux pieds de la statue de l'Archange
par lequel son enfant se disait dirigée et soutenue.
Du sanctuaire, l'on voyait le mont Anis chargé
de ses murailles, qui laissaient apercevoir la confusion des toits pressés autour de l'église Notre-
Dame. Il y avait à l'entour des collines d'un vert
sombre, et, plus loin, la terre soulevait la brume
bleuâtre des lointains.

CHAPITRE VIII

ET ISABELLE RENTRE SEULE AU LOGIS

Puis, tous, ils étaient repartis. Il y avait une grande tristesse ; les malades qui n'avaient pas été guéris pensaient que leurs maux étaient intolérables ; les boiteux qui, pour venir, couraient presque sur la route, déclaraient maintenant que le voyage était trop long pour eux, et ils croyaient que des pierres avaient poussé dans les sentiers pour qu'ils y écorchassent leurs pieds ; les goîtreux soutenaient leur gorge à deux mains, les aveugles voulaient arracher leurs yeux inutiles ; les plus malades, abattus sur leur civière, mouraient en grand nombre ; les plaies coulaient ; tous les tissus se relâchaient ; la chair, déçue, s'affaissait.

Isabelle, elle aussi, marchait plus courbée sous son voile, car elle s'en retournait seule. Ses deux compagnons venaient de la quitter pour aller re-

joindre Jeanne et partir avec elle à la guerre. Sa
pensée les suivait ; elle marchait avec eux, et non
avec les gens qui l'entouraient : au bout de leur
route, il y avait Jeannette ! Elle avait eu bien
grande envie de les accompagner, mais c'eût été
risquer de s'attendrir et d'amollir le cœur de la
Pucelle ; et puis Jacques d'Arc ne pouvait rester
seul plus longtemps ; il avait besoin de ses bras,
de sa vaillance, de sa bonne tête solide qui faisait
taire le chagrin et marcher la maison.

Il fallut qu'elle lui contât tout ce qu'elle avait
vu et appris ; il sut que Jeannette avait reconnu
le Dauphin, bien qu'il se fût caché au milieu de
ses courtisans pour mieux la tromper, qu'elle for-
mulait des prédictions qui se réalisaient, et qu'elle
n'avait point peur des plus subtils docteurs. Ils se
répétaient ces choses, inlassablement, sans parvenir à croire que cela fût vrai, car toujours ils la
revoyaient dans ses humbles occupations de petite
fille paysanne, et n'imaginaient point comment
elle pouvait être dans une cuirasse et tout l'appareil d'un soldat.

Pierre et Jean étaient allés rejoindre Jeanne.
Jacques et Isabelle se trouvaient maintenant tout
seuls dans leur chaumière. Les nouvelles mettaient très longtemps à leur parvenir : il leur fallait attendre le passage d'un voyageur qui avait
ouï conter ce qu'on disait de la Pucelle. Certains,
la sachant de Domremy, demandaient où était la
maison de ses parents. Ils donnaient des détails,

grossissaient les moindres incidents pour se gonfler d'importance, et réclamaient à leur tour des histoires sur son enfance, dont ils tireraient grand succès aux veillées des auberges.

Il y avait aussi des lettres qui arrivaient de loin en loin.

Aidés des uns et des autres, les d'Arc apprenaient les événements de la guerre, sans ordre, par bribes, et quelquefois tout au rebours de la vérité.

L'on prêtait à Jeanne bien des paroles qu'elle n'avait jamais prononcées, et il leur fallait démêler ce qu'il y avait de vrai d'un enchevêtrement de nouvelles fausses qui se contredisaient toutes les unes les autres ; ils le découvraient au bon sens de certaines réparties, et à cette vivacité dont la jeune fille devait s'accuser en confession.

Cependant que les docteurs chicanaient encore, le peuple déjà la reconnaissait pour l'envoyée de Dieu ; les femmes des artisans et les demoiselles de la bourgeoisie se pressaient sur son passage.

Orléans appelait au secours. Jeanne était partie dans son armure blanche, sur son beau cheval noir, ayant au côté une petite hache et l'épée de sainte Catherine-de-Fierbois. Et alors, la ville avait été délivrée.

Partout, l'on répétait que la Pucelle allait mener le Dauphin à Reims.

Cette fois, le Doyen et sa femme pouvaient se redresser orgueilleusement en leur maison ! Leur fille s'apprêtait à donner un roi à la France, qui n'avait plus, pour la gouverner, qu'un nourrisson anglais ! Ils ne songeaient pas, cependant, à en tirer vanité ; et à tous ceux qui entraient chez eux afin de les féliciter, ils disaient que la gloire en revenait au Seigneur Dieu, Jeannette n'étant que l'humble instrument de ses impénétrables desseins.

La chaumière était pleine de monde ; toute la parenté était accourue à Domremy, et Isabelle, de nouveau, cuisait sans doute beaucoup de pain et préparait de grandes tartes pour la recevoir. Les commères du baptême n'avaient pas manqué de venir, elles aussi, encombrant le « poêle » de l'ampleur de leurs jupons, bavardes, agitées, très fières de crier bien haut qu'on les avait choisies pour être les marraines de cette vierge prédestinée, qui allait donner au Roi sa belle couronne d'or. Elles avaient épaissi depuis la veillée des couches d'Isabelle, mais on les trouvait toujours aussi bruyantes en leurs bavardages. Cette fois-ci, ce n'étaient plus les voisins et les voisines qui les occupaient : elles avaient bien autre chose à faire ! Elles discutaient de la grande fête qui se préparait. Tout le monde voulait y aller. Les villageois se montraient anxieux de savoir quelle en serait la pompe, et, pour mieux l'imaginer, se souvenaient de ce que l'on avait ouï conter du sacre de Charles VI ; ils se demandaient s'ils trouveraient de la place aux auberges ; tous les lits seraient pris d'assaut ! il y aurait tant de monde !

Certains, qui avaient déjà fait le voyage de Reims, donnaient des renseignements ; ils recommandaient l'auberge de l'Ane Rayé, située sur la place de la cathédrale, et d'où l'on verrait défiler tout le beau cortège du Roi et de Jeannette. Les femmes se montraient friandes du spectacle des habits ; elles imaginaient des aunes de drap d'or, des rivières de pierreries, des velours et des damas si pesants aux épaules que les corps ployaient sous leur magnificence ; les plus avisées, qui avaient voyagé dans les provinces, se gaussaient de celles qui n'étaient jamais sorties de leur village et croyaient avoir une idée de ces prochaines splendeurs par ce qu'elles avaient vu des cérémonies religieuses dans leur pauvre petite église, maintenant brûlée.

Toutes ces fêtes dont on se promettait le spectacle réveillaient les coquetteries ; les paysannes souhaitaient avoir de jolies robes ; elles s'inquiétaient des modes nouvelles, achetaient des verroteries aux colporteurs, combinaient des cottes hardies qui avantageaient la taille, des fronces et des pinces ; elles étaient fort aises d'avoir une occasion de se parer, et s'en venaient demander conseil à Isabelle, qui taillait, ajustait, épinglait. Elle-même, assurément, avait en vue une belle robe d'écarlate ou de pourpre pour ce jour mémorable.

Au milieu de tous ces apprêts joyeux, on plaisantait Jacques d'Arc sur sa répugnance d'autrefois à laisser aller sa fille avec les soldats, et on lui rappelait ses terribles menaces. Peut-être les parents de la Pucelle croyaient-ils que tout était fini, que Jeannette avait accompli sa mission divine, qu'elle reviendrait bientôt à la maison paternelle et, de nouveau, prendrait soin du ménage. Les femmes hochaient la tête ; elles leur demandaient s'ils ne seraient pas surpris de la revoir parmi eux, après les événements extraordinaires qui venaient de s'accomplir ? Pensaient-ils vraiment que leur fille consentirait encore à vivre en simple paysanne, maintenant qu'elle avait gagné des batailles et conduit un prince vers son couronnement ?

Puis une inquiétude les avait saisis au milieu de tous ces plaisants propos : la marche sur Reims était d'une inconcevable audace : à cinq lieues au sud, Épernay tenait pour les Anglais ; à huit lieues au nord, tout le comté de Rethel était Bourguignon ; on savait Paris acquis aux envahisseurs, et le duc de Bourgogne, à Laon, s'appuyait sur ses villes fidèles de Flandre et de Picardie. Tous ces gens n'allaient-ils pas se concerter pour surprendre la cité en fête, s'emparer de Jeannette et du Roi ?

On se disait ces choses, et les visages s'assombrissaient ; puis un plaisant propos chassait ces funèbres pensées, et l'on revenait aux préoccupations du voyage.

Une députation de parents et d'amis quitta Domremy et se dirigea du côté de Châlons-sur-Marne, afin d'y rencontrer Jeannette. Il y avait là un neveu de Jeanne ; Jean Morel, son parrain ; le laboureur Gérardin d'Épinal, dont la Pucelle avait tenu l'enfant sur les fonts baptismaux, et quelques autres personnes de Domremy. Un gros soleil incendiait le ciel d'été. Montés sur leurs lourds chevaux de labour, vêtus d'étoffes raides, éclatantes de couleur, et emportant peut-être pour la guerrière des pâtisseries cuites aux fours rustiques de leurs maisons, ils cheminaient par les routes de plus en plus crevassées. Mais ils en riaient, cette fois, étant d'humeur joyeuse à cause de la liesse populaire où ils s'allaient plonger.

Isabelle et le Doyen, accompagnés de nombreux parents et amis, avaient pris de leur côté le chemin de Reims[1]. La paysanne avait conservé son

---

1. La participation d'Isabelle au voyage de Reims n'est pas prouvée par les comptes des frais du sacre faits par les habitants de Reims. Mais la tradition le veut ainsi, et on représentait sur les tapisseries « les Père et Mère de la Pucelle qui viennent avec le bagage du Roy ».

D'autre part, à Reims, sur un marbre noir, à la façade de l'hôtel de la Maison-Rouge, est apposée l'inscription suivante :

« L'an 1429, au sacre de Charles VII, dans cette hôtellerie, grand air calme et un peu dur ; assise dans le chariot familial, elle priait encore au milieu des rires et des plaisants propos, et, de temps à autre, passait la main sur sa robe afin d'en effacer les mauvais plis, car toute cette compagnie qui s'agitait à côté d'elle lui fripait son étoffe. Le Doyen, lui aussi, demeurait silencieux, le cœur serré d'une grande émotion à la pensée de tout ce qu'il allait contempler. L'un et l'autre éprouvaient une vive anxiété à se demander si Jeannette ne commençait pas d'oublier l'obscurité de sa naissance, et si l'orgueil ne la leur avait point changée.

Elle était si jeune ! pouvaient-ils espérer que toutes ces choses merveilleuses qui lui étaient advenues ne l'avaient pas éblouie ? Elle reprochait aux plus grands seigneurs le scandale de leur vie ; elle tenait tête aux docteurs de l'Église ; on disait qu'il lui suffisait de toucher les remparts d'une ville du bout de son étendard pour que les portes s'ouvrissent d'elles-mêmes ; ses prédictions se réalisaient comme celles des plus grands saints. — De quelle mine allait-elle les accueillir ? Mais aurait-elle seulement le temps de venir jusqu'à eux, au milieu de tous les préparatifs du sacre ? Pourraient-ils l'approcher ? Elle devait être sans cesse entourée de capitaines, de prélats, de gens d'une grande importance, qui ne s'écarteraient pas devant de modestes villageois venus pour em-

nommée alors l'Ane Rayé, le père et la mère de Jeanne d'Arcq ont été logés et défrayés par le Conseil de Ville ».

brasser leur fille. Ils étaient tout effrayés à la pensée que peut-être ils allaient s'en revenir n'ayant obtenu d'elle qu'un signe de la main qui les laisserait tout déconfits, et très mortifiés. Ils souhaitaient ardemment pouvoir entretenir leur enfant comme si elle n'eût rien accompli de merveilleux.

Jeanne était restée deux jours à Châlons, les 14 et 15 juillet, puis elle était repartie pour Sept-Saulx, d'où elle devait arriver à Reims le 16.

Cependant le chariot des parents continuait sa route, qui se montrait de plus en plus peuplée à mesure que Jacques d'Arc et Isabelle approchaient de Reims. Bientôt il y eut un grand embarras de voitures ; ils voyaient devant eux de longues files de véhicules pleins de paysans endimanchés ; à tous instants, des cavaliers les dépassaient ; des châtelaines des environs, en hennin pointu, se faisaient porter dans des litières, et le chariot des villageois se rangeait pour les laisser passer.

Les d'Arc sentaient l'émotion grandir en eux à l'approche de la ville du sacre, dont ils contemplèrent bientôt les tentures de fête.

Les aunes de velours moucheté de lis d'or descendaient des fenêtres ; toutes les tapisseries à belles images avaient été décrochées des murailles; et le gros soleil que juillet rapprochait de la terre allumait le bariolage des étoffes.

Les rues grouillaient ; jamais on n'y avait vu tant de riches seigneurs faisant s'entre-choquer les pièces de leur armure, tant de soldats frappant de leurs piques les pavés de la ville, tant de prélats portés par leurs haquenées, et de fournisseurs de l'armée aux robes de pourpre et aux visages bouffis de graisse. La guerre qui régnait depuis quatre-vingts ans les avait bellement enrichis, et ils souhaitaient que ce bon temps durât de longues années encore. La confusion était incroyable ; toutes les pierres des bornes grinçaient au passage des hautes roues des voitures ; les gens des seigneurs se mêlaient et s'injuriaient ; les litières ne pouvaient pas tourner dans les ruelles ; les cavaliers poussaient leurs montures dans la foule ; les chariots encombraient toutes les places, obstruaient toutes les rues.

Les d'Arc descendirent à l'hôtellerie de l'Ane Rayé, parvis Notre-Dame. L'hôtesse en était Alis, veuve de Rolin Moriau. Les gens en débordaient, et ce ne devait pas être chose aisée que d'y trouver de la place, même à prix d'or. La Ville, heureusement, leur avait réservé un logement, ainsi qu'aux personnages importants de la suite du Dauphin ; et, tels des capitaines ou de grands dignitaires, ils prirent possession de leur chambre, ou plutôt de leur fenêtre, car c'est là qu'ils allaient bientôt s'accouder pour guetter l'arrivée de leur fille.

Ce fut à cette auberge de l'Ane Rayé que Jean Morel dut leur rendre compte de son entrevue à Châlons avec la Pucelle. Dès qu'ils l'aperçurent, ils se précipitèrent sur lui, l'accablèrent de questions ; et tout de suite, Jean les rassura : c'était bien toujours la petite Jeannette telle qu'ils l'avaient connue, avec son hâle paysan où la vie militaire n'avait rien pu ajouter, sa démarche de fille robuste habituée dès l'enfance à monter sur un gros cheval, et ses beaux yeux auxquels la contemplation des saints du paradis avait gardé leur candeur. Elle les avait tous reconnus, heureuse de les trouver là, car elle n'avait rien oublié de son bon village de Domremy, où elle avait grand'hâte de revenir.

A Jean Morel son parrain, elle avait donné l'habit rouge qu'elle portait en partant pour Vaucouleurs ; et tous lui demandaient si elle n'avait point de peur quand elle se trouvait au milieu de la bataille ; elle disait alors que seule la trahison l'effrayait ; et, en l'entendant parler, ils admiraient qu'elle fût restée si simple, et qu'elle se souvînt avec tant d'amour de la chaumière familiale.

Alors, les parents avaient dû pleurer de joie.

Puis Isabelle avait longuement contemplé la robe de la petite guerrière ; elle caressait cette étoffe qui s'était collée à son corps, la suspendait devant elle, en la tenant aux épaules pour reconnaître la forme de sa fille, de sa fille qu'elle allait revoir !

Et, avec Jeannette, les deux fils se jetteraient dans ses bras. Ils se retrouveraient tous réunis, comme s'ils étaient encore à Domremy. Les paysans n'arrêtaient plus de parler des enfants, d'imaginer le moment où ils leur apparaîtraient.

Le samedi 16, dans l'après-midi, le cortège du Dauphin Charles fut enfin annoncé. Le voile d'Isabelle se tendit vers la place, à côté du petit chapeau de drap du Doyen ; derrière eux, les longues faces des délégués de Domremy examinaient curieusement la foule ; les d'Arc avaient grande hâte de voir arriver le cortège, et ils discutaient âprement entre eux l'itinéraire de son chemin, imaginaient les obstacles qu'il avait peut-être rencontrés. Ils se demandaient de quelle rue déboucherait le Dauphin. Toutes les sonneries de trompette les faisaient tressaillir, et ils dardaient des regards aigus chaque fois qu'une troupe escortait une armure dressée sur un cheval ; puis, quand elle arrivait dans le grand jour de la place, ils voyaient le rude visage d'un capitaine, et en avaient une grande déception. Pour tromper leur impatience, ils suivaient des yeux les allées et venues de la place, où la foule grossissait. Des confréries arrivaient avec leurs bannières ; des gens affairés entraient à l'église. On lui faisait sa dernière toilette de fête ; des tapissiers s'étaient coiffés des fauteuils drapés de velours cramoisi d'où pendaient de longues crépines d'or ; le sacristain portait des livres de cire blanche qu'il lui fallait planter dans tous les flambeaux de la cathédrale ; on secouait de belles tapisseries sur le parvis avant de les accrocher aux colonnes de la voûte, où leurs images de laine allaient rougeoyer à la braise des vitraux ; on apportait de grands flambeaux d'argent massif plus lourds qu'une armure, des fleurs par brassées, comme si tous les jardins de Reims eussent été moissonnés, des surplis pour les prêtres qui devaient se déployer à l'autel dans un grand appareil liturgique, des aubes brodées par les mains des pieuses femmes, des étoles raides, couvertes de broderies et de dorures qui bientôt brilleraient aux feux palpitants des milliers de cierges, des encensoirs dont les chaînettes cliquetaient comme les mors des coursiers, un grand tapis de pourpre qui déroulait ses aunes d'étoffe sur les marches du parvis.

Ils admiraient tous ces préparatifs, qui leur donnaient une idée de la grandeur et de la magnificence de la cérémonie. Et leur regard suivait l'entrée des gens, s'arrêtait aux portails, remontait aux voussures, s'accrochait aux pinacles, aux fleurons, aux trèfles, à toute cette floraison de la pierre incrustée d'une grande rose brillante.

CHAPITRE IX

COMMENT ISABELLE ET JACQUES
EMBRASSÈRENT JEANNETTE POUR LA DERNIÈRE FOIS

Quand ils entendirent la vague rumeur qui, au loin, signalait le passage du cortège, ils furent saisis d'une si poignante émotion qu'il leur sembla que leurs jambes les abandonnaient, et ils crispèrent leurs doigts au rebord de la fenêtre.

Dans la rue, sur la place, tous les gens couraient, et quelque chose passait qui faisait onduler de longs frissons sur les échines.

Puis des cris éclatèrent ; ce fut à ne plus s'entendre ; toute la ville hurlait : « Noël ! Noël ! » Jacques d'Arc et Isabelle, hagards, passaient la moitié de leur corps par la fenêtre ; leur âme flambait dans leurs yeux qui essayaient d'apercevoir Jeannette. Mais ils étaient dans un si grand trouble qu'ils ne voyaient plus qu'une confusion d'armures et de casques qui ondulait devant eux. Cependant la petite guerrière les cherchait déjà du regard, et ils la reconnurent enfin à son étendard. Elle tournait son visage de leur côté. Ils retinrent un cri ; le passé venait de faire un bond vers eux.

Ils se précipitèrent dans l'escalier ; ils furent là « au saut de sa monture » ; ces quelques mots sont tout ce que l'on nous dit de l'entrevue, mais comment ne pas l'imaginer ! Les parents tremblaient de tous leurs membres. Ils refermèrent leurs bras sur le froid métallique de sa cuirasse. Ils ne pouvaient croire que ce fût elle qu'ils embrassaient, et ils pleuraient des larmes chaudes sur son armure.

Il y avait là aussi Jean et Pierre, qui les étreignaient et les bons parents s'émerveillaient de dire tout haut leurs noms, comme si les jours paisibles d'autrefois fussent soudain revenus. Ils contemplaient leurs trois enfants sans parvenir à se rassasier de leur vue.

La foule, à l'entour, redoublait de cris ; tous les regards étaient braqués sur eux ; l'on examinait curieusement le petit chapeau de drap et la casaque de Jacques d'Arc, la coiffe paysanne d'Isabeau, sa belle robe taillée à la mode de Domremy, et son visage sévère, bouleversé par une muette émotion.

Puis ils se prosternèrent aux pieds du Dauphin, qui les avait anoblis afin que se perpétuât dans les siècles à venir la mémoire des « grands, hauts, notables et profitables services de la Pucelle ». Et Isabeau le contemplait comme elle eût contemplé une humaine manifestation de son Dieu. C'était donc là ce Prince dont son esprit était occupé depuis si longtemps, ce fugitif qu'elle parait de toutes les vertus, et dont elle avait tant de fois parlé à Jeannette !... Lui, à deux pas d'elle ! si près qu'elle aurait pu toucher ses habits si elle l'eût osé !... Ce fut là une minute inoubliable de sa vie. Elle le trouvait beau en dépit de son air chétif ; elle pensait que sa voix avait un timbre particulier et que c'était bien la voix d'un roi. Elle l'écoutait dévotieusement, et, quoiqu'il ne portât point encore de couronne sur la tête, elle en voyait briller l'éclat en toute sa personne. Elle le grandissait de toute la puissance de son enthousiasme.

Quand les parents de la Pucelle se relevèrent, ils eurent la grande joie d'apprendre que leur fille passerait auprès d'eux la fin de la journée. Leur cœur, alors, fondit en reconnaissance : comme elle était bonne et simple ! Elle préférait leur compagnie à celle de tous ces nobles seigneurs qui les entouraient !

Sans doute leur premier soin, quand leurs enfants eurent quitté le cortège du Roi, fut-il d'aller s'agenouiller dans cette cathédrale tout embaumée de fleurs et drapée de tentures que l'on préparait pour la fête du lendemain ; prosternées l'une à côté de l'autre sur les dalles froides du sanctuaire, Isabelle et Jeannette se souvenaient de leur petite église villageoise dont, un jour, elles n'avaient plus retrouvé que les ruines ; de nouveau elles étaient côte-à-côte, et la jeune fille voyait le voile de sa mère se tendre obliquement, cependant que le profil du visage sortait du bandeau blanc de son bonnet. Elles auraient pu se croire de nouveau à Domremy ; mais Jeannette, maintenant, conversait avec l'au-delà, alors qu'Isabelle prononçait les communes paroles des pieuses femmes, sans que rien vînt lui assurer qu'elles étaient entendues.

Ce devoir accompli, Jeanne dut aller enlever son armure ; sur quoi ils s'enfermèrent dans la chambre de l'hôtellerie afin d'échapper aux curiosités du peuple, aux démonstrations des amis. Alors, celle devant qui se prosternaient les foules, qui faisait des prophéties et marchait dans un grand éclat de trompettes, s'agenouilla humblement devant ses bons parents. Une fois encore, elle leur demanda pardon de toute la peine qu'ils avaient eue par sa faute. Elle regardait leurs visages, et elle voyait bien qu'ils avaient beaucoup souffert : le Doyen était maigre et pâle ; elle lui découvrait des rides nouvelles, et même quand il souriait, heureux de l'avoir là, auprès de lui, de la contempler, d'entendre sa voix, il avait l'air d'un vieil homme usé. Sa peau, par endroits, était jaune, parcheminée, comme si le sang n'avait plus eu la force de la nourrir et l'eût laissée se dessécher. Isabelle, toujours si ferme en son maintien, tenait la tête moins droite sous son voile, et la jeune fille pleurait de les retrouver ainsi, après les avoir quittés pleins de santé et de force.

Et eux, l'ayant relevée bien vite, se montraient inquiets de savoir si son armure ne la gênait pas, si elle n'avait point de peur quand les ennemis l'environnaient et qu'elle les voyait la viser de leurs arcs, de leurs frondes aux balles d'argile, ou lever sur son casque leurs lourdes haches tranchantes ; ils lui demandaient si le poids du casque ne lui fatiguait point la tête, car toujours elle avait eu les cheveux au vent, si ses pieds, habitués à être sans chaussure, n'enflaient pas dans les lourds brodequins militaires. Il fallait qu'elle leur contât les sièges et les batailles, qu'elle leur décrivît le bruit des épées sonnant contre le fer des boucliers, le hennissement des chevaux, le sifflement des flèches, et les catapultes qui faisaient éclater les armures, les machines de guerre qui abattaient les murailles des forteresses.

Puis, sans doute, à voix plus basse, à mots prudents, ils avaient parlé des saintes. Isabelle eût aimé savoir sous quelle forme elles se présentaient à l'enfant. Elle brûlait d'apprendre si sainte Catherine était venue avec sa roue, et si sainte Marguerite était telle qu'on la voyait sur les enluminures ; elle eût voulu demander des choses sans fin... — Mais c'était là un sujet délicat sur quoi il valait mieux se taire et attendre que l'enfant parlât d'elle-même.

Ils lui disaient de nouveau « Jeannette », comme autrefois dans la bonne chaumière ; et elle, qui n'entendait plus que le rude surnom de Pucelle, se rafraîchissait le cœur à cette appellation familière qui ressuscitait le passé ; la petite guerrière, quand ils l'appelaient ainsi, voyait mieux le grand « poêle » familial plein de la senteur des branches forestières qui brûlaient dans l'énorme cheminée, et de la bonne odeur du pain chaud. Alors elle voulait qu'on lui donnât des nouvelles de tous les gens de Domremy, du vieux drapier qui n'avait plus de cloche à sonner, de ses marraines, du voisin chétif, du petit enfant ramené un jour à la chaumière tout bleui par le froid, des pauvres, qui se réjouissaient les jours de fête parce que leur corbeille avait de plus beaux morceaux, et même des vieilles femmes bavardes et cancanières. Elle s'attendrissait au souvenir de ses petites amies, Mengette et Hauviette ; n'avaient-elles pas maintenant un fiancé qui leur apportait des fleurs, la nuit du Lætare ? Bientôt, sans doute, elles allaient se marier ; comme elles étaient heureuses d'être restées dans leur village ! Jeannette n'avait qu'un désir, celui de retourner vivre auprès de ses bons parents.

Ils parlaient, et tout à l'entour l'hôtellerie bourdonnait ; les clients appelaient les servantes ; on claquait les portes ; les verres s'entre-choquaient ;

quelque part on clouait des draperies ; des sonneries de trompette retentissaient dans la rue.

Ils évoquaient maintenant le souvenir de Catherine, la fille défunte ; ils baissaient la tête,
étreints par les souvenirs ; et Jeannette revoyait
la petite chapelle de Bermont, qui sentait le miel
et la cire chaude, regrettait la colline tapissée de
reines-des-prés... Elle eût bien voulu en descendre
encore la pente et s'en aller vers cette maison de sa
sœur qui les attendait à Greux, tout en bas dans
les brumes, et où, quand on entrait, on entendait
sa voix familière, la voix qui chantait des ber-
ceuses au temps où Jeannette était enfant... Puis,
chassant de son esprit la chère vision attendris-
sante, elle avait longuement parlé d'Orléans ; elle
en aimait les habitants, car nulle part ailleurs on
ne lui avait témoigné autant de reconnaissance
une fois qu'elle avait bouté hors l'ennemi ; et elle
montrait un grand émoi à se souvenir de la façon
dont les Orléanais l'avaient reçue. Elle y avait
loué à bail à long terme une maison sise rue des
Petits-Souliers ; elle était proche l'église Sainte-
Catherine. Jeannette souhaitait y aller vivre avec
ses bons parents, après la guerre, quand elle aurait délivré la France des Anglais.

Et les heures passaient ainsi.

Puis le soleil descendit, et ses derniers rayons
glissèrent comme une longue écharpe d'or sur la
façade de la cathédrale ; ils abandonnèrent les
sculptures des piédroits, accusèrent les ombres des

draperies de pierre, frappèrent les vitraux de la rose découpée au-dessus du tympan du portail, et elle eut l'air de tourner en lançant des feux ; puis, montant toujours, ils détaillèrent la galerie des Rois dont ils empourpraient le manteau. A cette heure-là, ils éclairaient les sous-bois, et tous ceux qui passaient sur la route de Domremy, devant la maison paysanne, faisaient jaillir des rayons de feu des roues de leurs chars et se montraient vêtus d'habits magnifiques. Il eût été bon de s'en revenir vers la chaumière toute rose, d'en pousser la porte, puis de s'endormir en songeant qu'au matin on retrouverait le pommier près du seuil, tout humide de rosée et chargé de fruits naissants.

Mais c'était l'heure, au contraire, de se quitter ; Jeannette, déjà, n'appartenait plus aux siens ; il lui fallait maintenant s'en retourner vers le Dauphin. Peut-être coucha-t-elle en cette auberge de l'Ane Rayé où elle avait retrouvé ses parents ; peut-être aussi, plus vraisemblablement, s'en alla-t-elle loger chez quelque « honeste femme » comme c'était sa coutume de le faire quand elle arrivait dans une ville.

Le lendemain, dès l'aube, les d'Arc furent réveillés par des sonneries de trompette. Ils pensèrent : « C'est pour Elle qu'on sonne de la sorte ». — Et ils se levèrent d'un bond.

La ville enténébrée, déjà était en rumeur ; l'on voyait bien qu'un événement extraordinaire se préparait. Des chevaux se rassemblaient sur la place ; dans les maisons, toutes les bourgeoises tournaient leurs voiles autour de leurs têtes, à la lueur des lampes. Isabelle et Jacques, en s'habillant dans leur chambre, pensaient que, quelques mois plus tôt, Jeannette, agenouillée devant l'âtre, soufflait dans le long tube de bois pour allumer le feu. Et ils disaient : « Nous l'envoyions dans la forêt ramasser des fagots ! elle mettait le couvert ! elle filait la laine ! nous étions loin de nous douter de ce qui l'attendait !... » — Ils songeaient qu'elle revêtait sans doute ses beaux habits de fête au milieu d'une cour d'honneur. Toutes les Dames d'Orléans devaient s'empresser autour d'elle. Isabelle eût voulu habiller son enfant pour cette cérémonie inoubliable, plus auguste qu'un mariage, et qui allait la livrer aux regards d'une foule enthousiaste.

Le bourdonnement du peuple emplissait la tête des deux paysans... Les cloches sonnaient à toute volée. Toutes les fenêtres se garnirent de monde : le cortège avançait.

Il était magnifique : le duc d'Alençon, le comte de Clermont, le comte de Vendôme, les frères de Laval, de la Trémoille et de Gaucourt portaient des habits royaux. Les pairs de l'Église avaient sorti leurs mitres et leurs crosses.

La Pucelle était précédée de son porte-fanion et suivie des chevaliers de son escorte ; la foule s'agenouillait sur son passage ; on baisait ses vêtements, on poussait vers elle les petits enfants afin qu'elle les touchât ; le guet devait lui ouvrir un passage pour qu'elle pût avancer vers le parvis. Les cris d'amour de ce peuple bouleversaient le cœur des parents ; ils voyaient les bras se tendre vers leur fille, ils entendaient les lèvres la bénir ! Leurs têtes éperdues roulaient un chaos de pensées où tous les sentiments se trouvaient confondus ; leurs corps tremblaient, traversés par ces cris qui retentissaient autour d'eux.

La cérémonie du sacre dura de neuf heures du matin à deux heures de l'après-midi.

Quand le Roi eut sa couronne sur la tête, il y eut de tels « Noël » ! et une si retentissante fanfare de trompettes que ce fut à croire que les voûtes de la cathédrale allaient se fendre.

Isabelle sans doute pensait maintenant à tous les défunts de sa famille, à tous ses parents, à sa fille Catherine, morte sans avoir rien soupçonné des événements extraordinaires qui attendaient la petite Jeannette. Jacques d'Arc, lui, songeait à son père, et se demandait quelle eût été la joie de ce vénérable vieillard en voyant de quelle manière sa petite-fille honorait sa descendance.

Jeanne leur parut plus grande, enveloppée de quelque chose de mystérieux et d'auguste, quand elle sortit de cette cathédrale qui, cinq heures durant, avait grondé, chanté, carillonné.

L'on donna alors un grand festin ; il eut lieu en l'hôtel épiscopal, et groupa les seigneurs, les prélats et leur suite dans l'ancienne salle du Tau.

Sans doute Jacques d'Arc y fut-il invité avec la suite du Dauphin. Le peuple, massé sous les fenêtres, criait « Noël » ! « Vive le très noble Roy de France Charles VII » !

Les d'Arc durent revoir plusieurs fois encore la petite guerrière et leurs deux fils, car le Roi séjourna trois jours à Reims ; puis ce fut le dernier baiser, la dernière étreinte où les bras maternels entourèrent la dure cuirasse de fer qui allait de nouveau courir au-devant des catapultes et des bombardes. Isabelle embrassa ses deux fils Pierre et Jean qui s'en retournaient à la guerre avec Jeannette, puis le cortège de la Pucelle sortit de Reims le jeudi 21 juillet au matin, par la Porte du Nord, appelée Porte Mars. Elle chevauchait, comme à l'entrée, devant le Roi, « tout armée de plein harnais, son étendard déployé ».

Charles VII se rendait au prieuré de Corbigny, à six lieues de Reims, où la tradition voulait que les rois de France, après leur sacre, allassent prier sur le tombeau de saint Marcoul qui, lui aussi, était du sang de France.

Avant de partir, il avait remis à Jeanne soixante livres pour les offrir à son père lorsqu'elle le rencontrerait.

Il accordait aux habitants des villages de Domremy et de Greux, probablement à la demande de la Pucelle et de Jacques d'Arc, une exemption de tout impôt à perpétuité.

Le dimanche suivant, les Rémois, débarrassés de la foule des étrangers, en exprimèrent leur joie par une grande procession. Isabelle et Jacques y assistèrent probablement, et ne quittèrent apparemment Reims qu'en septembre [1]. Les bourgeois de Reims soldèrent la dépense, qui atteignait la somme de vingt-quatre livres parisis, et offrirent à Jacques, pour son retour, un magnifique cheval noir.

Le chariot remporta Isabelle avec les voisins et les voisines qu'il avait amenés. Autour d'elle, les gens s'émerveillaient de la splendeur de la

1. Il semble résulter du texte de la conclusion du Conseil de Ville que Jacques se trouvait encore à Reims au mois de septembre, et que ce fut à cette époque seulement qu'il effectua son retour à Domremy.

Délibération du 5 septembre 1429, en présence de quatre-vingts délégués des habitants :

« A esté délibéré de paier les despens du père de la Pu-« celle et de lui baillier un cheval pour s'en aler ».

Les dépenses se montent à vingt-quatre livres parisis, somme importante pour l'époque.

Le lieutenant des habitants, Thomas de Bazoches, en vertu de la décision du Conseil, mandata ce paiement le 18 septembre.

« A Alis, vesve feu Raulin Moriau, hostesse de l'Asne « Rayé, pour despens fais en son hostel par le père de « Jehanne la Pucelle, qui estait en la compaignie du Roy « quand il fut sacré en ceste Cité de Reims, ordonnés estre « payez des deniers communs de la dicte ville la somme de « XXIIII l. p. comme il appert plus à plain par le mande-« ment dudit lieutenant donné le XVIIIe jour du mois de « septembre l'an mil CCCCXXIX et par quittance de la dicte « Alis escripte au dos d'icellui mandement cy rendus « pour ce . . . . .XXIIII l. p. »

fête ; les paysans se demandaient combien de monde avait contenu la cathédrale ; les femmes se souvenaient de la mine des capitaines et du vacarme de la musique ; elles soupesaient en imagination les lourds manteaux doublés de vair et d'hermine qu'elles avaient vus sur le dos des princes, évaluaient la fortune cousue en beaux joyaux sur le velours des habits, aunaient les voiles attachés à la pointe des hennins. L'on parlait un peu du Roi, et beaucoup de Jeannette, à qui l'on devait l'exemption des impôts de Domremy. Désormais, l'on n'aurait plus à bailler son bel argent au Doyen. L'on rendait grâces à Isabelle, qui avait mis au monde une telle fille ; on lui adressait des compliments sans fin.

La paysanne demeurait silencieuse ; elle revoyait la petite guerrière dans son armure blanche, elle se souvenait de ses dernières paroles, s'effrayait du nombre des villes dont elle avait encore à faire le siège, et se demandait pendant combien de temps il lui faudrait continuer de trembler pour la vie de ses enfants.

Bien des soirs, à la veillée, les villageois parlèrent du sacre de Reims ; ils en décrivaient les splendeurs à ceux qui ne l'avaient pas vu, et s'émerveillaient de la quantité de cire blanche brûlée à la cathédrale, du nombre des prélats qui s'étaient déployés à l'autel, et de l'encombrement des auberges ; puis, peu à peu, ces choses, à force d'être répétées, cessèrent de paraître remarquables ; l'éclat des étoffes pâlit dans la mémoire des femmes, et l'on revint aux préoccupations habituelles, qui étaient les maladies des troupeaux, les grêles et les pillages.

Les d'Arc étaient devenus de nobles personnages, munis de beaux parchemins qui attestaient leurs titres ; mais cela ne changeait pas grand'chose à leur vie humble et laborieuse. Autour d'eux, les gens continuaient de s'entretenir des principaux événements de la guerre. Ils en parlaient avec une grande liberté d'esprit ; certes les paysans étaient malheureux, volés, incendiés, quelquefois massacrés ; mais leur misère ne venait pas précisément de la guerre : en tout temps ils se trouvaient exposés aux brutalités des écumeurs de grand chemin et des reîtres pillards. La défense du royaume n'était point leur affaire ; elle n'appelait pas leurs parents sous la flèche de l'arc, la pierre de la catapulte ou la poix bouillante des mâchicoulis. Elle ne prenait pas leur père, leur époux, leur fils.

Isabelle se trouvait donc isolée dans sa souffrance inquiète. Les femmes qui s'en venaient bavarder en sa maison et se chauffer les pieds au feu de son âtre la plaignaient sans partager son angoisse ; leur fille les attendait au logis en filant paisiblement le lin, et, le soir, elles verraient leurs fils revenir des champs pour s'asseoir à la table de famille. Alors il leur arrivait de rapporter devant Isabelle, sans y prendre garde, des récits de carnage, de s'étendre sur des détails funèbres qu'elles tenaient des voyageurs ou des soldats qui passaient sur la route. Silencieuse, la grande femme les écoutait.

Elle ne savait plus rien de ses trois enfants.

On avait rentré la moisson ; le chanvre nouveau était depuis longtemps à la tête des quenouilles ; les brumes du matin, éteignant l'éclat des gelées qui brillaient au fond des ornières, devenaient de jour en jour plus épaisses et plus blanches ; l'hiver isolait les villages ; un grand silence régnait. Des gens prétendaient les soldats du côté de Paris, mais on ne pouvait guère se fier à leurs paroles, car ils ne faisaient que répéter ce qu'ils avaient entendu dire, et le propos avait passé par tant de bouches avant de leur être versé dans l'oreille, que c'eût été folie d'y ajouter foi. On eût été bien embarrassé d'expliquer comment naissaient les bruits les plus étranges, qui se répandaient avec une incroyable rapidité ; ils arrivaient le plus souvent par la route, colportés par les voyageurs quand ceux-ci s'arrêtaient aux auberges et se trouvaient en humeur de répandre leurs nouvelles. Il passait aussi des troubadours qui chantaient leurs ballades. Elles s'inspiraient des plus récents événements, et il y en avait plusieurs à la gloire de la Pucelle. Les femmes les apprenaient par cœur, et Isabelle les entendait parfois chantonner, en berçant leurs enfants :

> Arrière, Anglois, tournez arrière !
> Vostre sort ci ne resgne plus.
> Pensez deu treyner vous bannière
> Que bons François ont rué jus,
> Par le vouloyr du roy Jhésus
> Et Jeanne, la douce Pucelle,
> De quoy vous estes confondus,
> Dont c'est pour vous dure nouvelle !

Quelquefois aussi, un habitant de Domremy s'en allait à la ville ; dès son retour, le village se rassemblait chez lui, et l'on voyait Isabelle accourir en sa maison. Elle entendait les plus invraisemblables récits ; ils renfermaient parfois une part de vérité : mais comment la reconnaître ? Et il lui arrivait de la tenir pour un mensonge et de croire tout le reste, qui n'était qu'erreur et imagination.

Quand la patience lui échappait et qu'il se sentait trop angoissé, Jacques d'Arc devait se rendre à Vaucouleurs ; là aussi, on était sans nouvelles de l'armée ; elle paraissait perdue dans des brumes, au bout du monde.

LIVRE III

ISABELLE DOULOUREUSE

ISAI

éch
d'al
ne
jou
les
sing
dali
I
tenc
vou
étai
vell
moi
nul

CHAPITRE X

ISABELLE ET JACQUES PASSAIENT DE LONGUES HEURES COURBÉS DEVANT L'ATRE, A SONGER AUX ABSENTS.

Puis, un soir, courut le bruit que Jeanne avait échoué devant Paris ; ce fut une rumeur vague, d'abord, puis l'événement se précisa. La Pucelle ne s'était pas fait scrupule de donner l'assaut le jour de la Nativité de Notre-Dame ! Isabelle vit les visages s'assombrir : la guerrière prenait de singulières libertés avec le Ciel ! On était scandalisé.

L'hiver glaçait les rivières, et, le soir, on entendait les loups hurler à la lisière des bois. Les voyageurs se faisaient plus rares sur la route ; ils étaient ensevelis dans des fourrures, et les nouvelles qu'ils donnaient en passant avaient plusieurs mois de retard. Les courriers n'arrivaient plus ; nul ne pouvait affirmer que l'armée n'était point anéantie ; Jeannette et ses deux frères avaient peut-être perdu la vie depuis longtemps... Les paysans se terraient dans leurs chaumières. Ils parlaient quelquefois des Français errants là-bas, très loin, du côté de Paris, puis revenaient à leurs affaires villageoises et à leurs belles légendes ; seuls les d'Arc vivaient l'angoisse de ceux qui attendent des nouvelles des soldats partis à la guerre, et n'ont que du silence autour d'eux.

Ce que l'on apprit enfin n'était pas fait pour les rassurer. On accusait méchamment Jeannette d'avoir conseillé l'attaque de Paris, où quinze cents soldats avaient été blessés ; les siens la maudissaient ; Charles VII l'abandonnait ; tous les courtisans se déclaraient contre elle. On ne savait rien de ses frères ; les corbeaux en avaient peut-être depuis longtemps dévoré les restes, et leurs os blanchis ne seraient pas enfouis dans la terre sainte.

Une morne tristesse s'était abattue sur la chaumière des d'Arc. Le Doyen se voûtait sous sa casaque ; ses joues se creusaient de plus en plus. Quand les paysans emplissaient le « poêle » pour lui apporter leurs contestations et lui demander ses conseils, il avait peine à se faire entendre. Les moindres discours l'essoufflaient ; il n'en pouvait venir à bout ; sa voix n'avait plus de force. S'il lui fallait se rendre en quelque maison du voisinage, l'on voyait bien, quand il en revenait, que ses chausses vacillaient ; il tombait sur un coffre ;

il était tout en sueur et il avait le visage plus blanc qu'un suaire.

Son fils aîné, Jacquemin, n'allait pas mieux ; il prenait le pas traînant du père, son œil luisant, et cet air absorbé qu'on lui voyait toujours, maintenant qu'il ne savait plus rien de ses trois enfants.

L'hiver les tenait enfermés chez eux ; alors, ils passaient de longues heures, courbés devant l'âtre, à songer aux absents. Isabelle, souvent, restait à contempler les deux hommes ; elle avait grand'pitié d'eux, à voir leurs dos las, à entendre leur voix sourde qui n'avait plus de souffle, et, quand ils venaient à la regarder, à lire dans leurs yeux navrés toutes les pensées tristes de leur tête. Elle s'ingéniait à les réconforter de bonnes paroles, faisait bouillir des simples qu'elle leur donnait à boire pour les fortifier un peu ; mais elle savait bien que le mal n'était pas dans le corps, et que tout ce qu'elle faisait là ne servirait à rien. Seule une nouvelle rassurante pouvait encore guérir les deux hommes ; alors elle la demandait au Ciel avec toute sa ferveur, toute sa foi. Elle allait dans tous les sanctuaires du voisinage, se prosternait devant toutes les statues ; elle ne craignait ni la pluie, ni le froid, ni les loups affamés. On la trouvait les pieds enfoncés jusqu'aux chevilles dans la neige des chemins ; l'eau du ciel avait gelé sur son voile quand elle s'en revenait à la maison, et l'étoffe se tenait toute raide, comme si on l'eût plongée dans un baquet d'empois. Elle avait le visage fouetté par le grand vent des vallées, et elle était entrée dans toutes les chaumières où il y avait des gens malheureux ; elle distribuait des aumônes en quêtant des prières pour ses enfants. Sa maison était la bénédiction des pauvres ; ils se la signalaient les uns aux autres, en vantant les corbeilles que l'on y trouvait. En souvenir de Jeannette, elles étaient toujours pleines des meilleurs morceaux. Si le feu était prêt à s'éteindre quand les mendiants venaient frapper à la porte, Isabelle le ranimait pour eux, et elle avait soin qu'il y eût de la paille fraîche à l'étable, pour qu'ils pussent y dormir au souffle chaud des bêtes.

Elle faisait brûler des cierges pour se rendre la Vierge favorable. Quand elle avait faim, elle se privait de nourriture ; quand elle avait soif, elle ne buvait pas ; quand le sommeil la prenait, elle s'imposait un travail qui la tenait éveillée ; quand elle était fatiguée, elle marchait, afin que la mortification de sa chair fût agréable à Dieu et criât grâce pour ses enfants.

Ainsi s'étiraient pour les paysans de longs jours d'attente qui semblaient ne devoir jamais finir.

Quand ils eurent enfin des nouvelles, ce fut pour apprendre qu'au siège de La Charité, une terreur panique s'était emparée des soldats, qu'on avait vus s'enfuir comme si le démon lui-même leur était apparu.

Depuis combien de temps était Elle prisonnière quand ils en eurent la nouvelle ?

Tout d'abord ils furent dans un grand trouble, ne sachant ce qu'ils devaient croire ; on leur disait que la Pucelle avait disparu avec son frère Pierre au siège de Compiègne, qu'on ne savait plus rien d'eux. Puis il courut le bruit que les Bourguignons l'avaient prise, mais rien ne prouvait que ce ne fût pas, cette fois encore, l'une de ces fausses nouvelles comme ils étaient accoutumés d'en entendre chaque jour. L'événement, bientôt, se précisa : la Pucelle avait été vendue à Jean de Luxembourg. Un peu plus tard, on pensa que c'était aux Anglais. On la regardait déjà comme perdue.

Prisonnière des Anglais ! Ils étaient assis au fond de leur chaumière, silencieux, accablés. Ils la voyaient entourée de soldats qui l'insultaient, lui crachaient au visage ; on lui avait mis des chaînes aux chevilles ; les ennemis devaient être joyeux de l'avoir là, à leur merci ! Comme ils allaient bien pouvoir se venger ! Mais peut-être avaient-ils déjà commencé de la torturer. Le pied d'Isabelle s'immobilisait sur la pédale de son rouet ; sa main retombait sur sa robe ; elle penchait la tête, tirant le voile qui lui remontait au milieu du dos. Elle voyait les instruments de supplice, les brodequins qui broient les os des pieds, la poire d'angoisse où l'on verse l'eau qui gonfle le corps et le fait éclater, les fers rouges qu'on applique sur la chair grésillante, les pointes, les tenailles, tout ce que les hommes ont inventé pour torturer leurs semblables. Peut-être qu'en ce même instant où Isabelle pensait à elle, Jeannette pleurait dans les tortures, en l'appelant à son secours. Elle croyait l'entendre ; la pauvre petite Pucelle avait repris sa voix d'enfant ; et la paysanne, comme si elle eût voulu la bercer au milieu de son martyre, murmurait avec de grosses larmes qui lui coulaient le long des joues : « Jeannette, ma petite Jeannette ! »

Ce n'était pas la guerrière en armure qu'elle appelait ainsi pour la consoler, mais la petite fille qui trottinait dans la maison, la petite fille qu'elle prenait sur ses genoux pour lui apprendre sa prière, et qui, un peu plus grande, demandait une belle histoire. Le regard d'Isabelle, tourné vers la cheminée, devenait fixe : elle revoyait l'enfant comme si elle l'avait eue là, devant elle ; la lampe à huile éclairait son petit visage levé vers le rouet ; une lueur brillait au bombé de son œil ; son souffle chaud passait entre ses lèvres que l'attention laissait entr'ouvertes, et où l'on voyait la place vide des premières dents de lait tombées. Elle aimait les histoires qui parlaient du petit Jésus, et elle eût voulu caresser le joli mouton blanc qu'il porte sur les épaules en de certaines images. Elle se montrait si douce que les petits oiseaux venaient à elle... Comme elle devait être étonnée, maintenant, qu'on lui fît tant de mal !

Le visage bouleversé, tous les traits tirés, les épaules remontées, la grande femme pressait son voile, à la hauteur des tempes, de ses deux paumes. Mon Dieu ! ne pas pouvoir aller à son secours ! Rester là, à filer son lin dans la chaumière, alors que les Anglais la martyrisaient peut-être et se moquaient des cris que lui arrachait la souffrance !

Et voilà que toute la maison prenait la voix de la petite Jeannette pour mieux faire souffrir Isabelle. Le pommier, devant le seuil, où elle allait jouer, fredonnait ses petites rondes enfantines ; le Christ de bois devant qui elle s'agenouillait, disait ses prières ; les plats d'étain sonnaient sur la table comme si elle eût mis le couvert, et ses sabots des jours de pluie avaient l'air de sortir de ses pieds. Le Bois-Chenu lui-même, là-bas sur la colline, où les vents d'automne l'avaient tout dépouillé, réveillait mystérieusement l'air des ballades que la petite fille chantait quand elle y montait avec ses amies, et sa voix arrivait à Isabelle, car tout ce qui l'entourait était plein du souvenir de Jeannette.

Cependant la vie s'en allait toujours du même

train pour les autres ; les mêmes fêtes revenaient aux mêmes mois, et les jeunes filles riaient et chantaient comme si rien n'eût changé depuis le départ de Jeannette ; elles continuaient de se parer, le dimanche, des colliers et des bracelets achetés aux colporteurs, et Isabelle, souvent, du seuil de sa maison, les voyait partir vers l'Arbre des Fées, en se tenant par la taille et en fredonnant les rondes fraîches qu'elles chantaient avec Jeannette. Alors la paysanne rentrait dans sa maison pour ne plus les entendre ; mais leurs voix pures la poursuivaient jusque dans son « poêle » sombre. Elle reconnaissait les airs, et les couplets, d'eux-mêmes, se formaient dans sa tête ; ils l'obsédaient ; toute la soirée, elle en répétait en elle-même les refrains. Jeannette les avait appris de Catherine ; et l'aînée venait se placer à côté de la cadette dans la pensée d'Isabelle ; l'une avait été portée au cimetière, l'autre était perdue, entre les mains des Anglais ; et l'on ne savait rien de ses deux frères.

Puis, ce fut la fête du Lætare ; la forêt d'amour marchait vers les fenêtres des jeunes filles ; les d'Arc l'entendaient bruire sur la route, et ils pensaient à Jeannette, qui n'aurait jamais de fiancé, et qu'on devait abreuver d'injures, cependant que ses compagnes, tout éveillées dans leurs lits, attendaient impatiemment le lendemain, qui allait leur apporter les gentilles paroles de leur amoureux.

Isabelle, maintenant, avait toujours l'air pressée ; dès qu'elle avait entrepris un travail, elle se montrait impatiente de le terminer, comme si, au bout, elle devait trouver la délivrance de Jeannette ; et sans cesse, la petite voix de l'enfant implorait, au fond de son cœur : « Maman, maman, on me fait du mal ! viens à mon secours ! »

Elle avait honte du moelleux de son lit quand elle y montait le soir, recrue de fatigue et la tête bourdonnante ; elle se disait : « Jeanne dort sur la dalle de sa prison ! » Elle la revoyait assise devant l'âtre, cependant que le mendiant ou le petit enfant avait bien chaud dans sa bonne couette tiède. Dès qu'elle commençait à s'assoupir, un sursaut la réveillait ; elle avait cru l'entendre respirer dans le « poêle », derrière ses rideaux de cotonnade. A côté d'elle Jacques d'Arc, immobile, les yeux grands ouverts, se représentait sa fille enchaînée, livrée à toutes les brutalités des soldats ; l'insomnie lui mâchait la figure, et, quand venait l'aube, il effrayait par le pli tombant de sa bouche et l'air désespéré de toute sa personne. D'un œil fixe, il regardait le jour verdâtre qui passait par les petits carreaux plombés, et se demandait si la Pucelle avait une lucarne dans la prison où on l'avait jetée, ou si tout y était noir, toujours.

Quand ils se mettaient à table devant quelque plat fumant, tous les deux se disaient que peut-être Jeannette, au même instant, suppliait ses gardiens de lui donner un morceau de pain, et la bouchée qu'ils mangeaient leur restait dans la gorge.

Des voisines venaient voir Isabelle pour la consoler dans son malheur ; elles lui tiraient des larmes en évoquant le souvenir de ses enfants ; l'une répétait un mot de Pierre ou de Jean, l'autre revoyait Jeannette à une fête. Où était-elle maintenant ? Les paysannes pensaient qu'il était bien possible que les Anglais, déjà, l'eussent pendue ; leur silence avouait leurs pensées secrètes. Puis, sans y prendre garde, elles parlaient des leurs, revenaient aux sujets qui les intéressaient. Une fille devait bientôt célébrer ses noces, une autre attendait un enfant ; le garçon, de son côté, songeait à se marier pour avoir une femme qui l'aiderait à la ferme ; tout cela faisait bien des réjouissances en perspective. Muette et serrée dans sa souffrance, Isabelle pensait que Jeannette, elle aussi, était en âge de prendre époux, et que ses deux fils avaient laissé au pays de jeunes femmes que le chagrin desséchait. Alors elle souhaitait voir les visites s'en retourner, car elle ne savait pas se plaindre et ne soulageait pas sa peine par des paroles. Elle la gardait en elle, nouée à la gorge et lui fatiguant la tête de ses images lugubres, toujours les mêmes.

Quand les petites amies d'autrefois, Mengette et Hauviette, venaient en sa maison et, toutes graves, tout embarrassées, s'asseyaient sur les coffres, Isabelle ne parlait guère davantage ; seulement elle les regardait fixement ; de l'œil, elle les mesurait, en se demandant si Jeannette était plus grande ou plus courte de taille ; et elle dévisageait leur jeunesse, en se disant que les privations et les tortures devaient avoir défiguré la pauvre petite guerrière.

Elle avait beaucoup de travail, car elle aidait maintenant son mari et son fils Jacquemin, qui ne quittait plus guère Domremy. De jour en jour, les deux hommes perdaient leurs forces. Isabelle les accompagnait quand ils s'en allaient cultiver les champs ; le ciel avait l'air de peser sur eux, tant leurs gestes étaient lents, et le sillon dont ils remuaient les mottes leur semblait lourd comme s'ils eussent soulevé au bout de leurs pelles le cadavre des deux fils absents. Cependant ils s'acharnaient, avec cet instinct du paysan qui ne veut pas laisser dépérir la terre. Au retour, la grande femme avait le pas solide encore, mais Jacques d'Arc et son fils Jacquemin trébuchaient, et les paysans qui les voyaient passer comprenaient bien que tous les deux s'en allaient de chagrin. Isabelle le savait, elle aussi, et suppliait son Seigneur du ciel de leur donner la force de supporter les épreuves qu'il lui avait plu de leur imposer.

Son regard inquiet s'accrochait à eux ; ils flottaient dans leur casaque, et Isabelle avait renoncé à rétrécir les chausses qui ne collaient plus à la peau. Les humeurs mélancoliques avaient envahi les deux hommes d'une lymphe âcre qui désorganisait l'économie du corps. Il se retirait des habits, diminuait de jour en jour ; l'âme en rongeait la matière corruptible, et ce qu'elle brûlait flambait dans les yeux. Le nez se pinçait ; la peau se desséchait ; déjà on voyait apparaître l'ossature.

Alors Isabelle, désespérément, évoquait dans son cœur le souvenir du jeune époux qui, quelque trente ans plus tôt, descendait avec elle vers la vallée de Domremy ; il était jeune, il était beau, il était fort ; il la protégeait, au lieu que, maintenant, c'était elle qui devait le soutenir, car il avait déjà la faiblesse d'un vieillard. Et elle regardait les chaumes du village, tassés comme des ruches dans la brume des bas-fonds, à côté de la Meuse qui ne brillait plus. Elle se souvenait qu'ils aimaient à s'arrêter là afin de chercher du regard le toit de leur maison, cependant que les bœufs qui rapportaient le foin odorant continuaient de descendre vers l'ombre de la vallée. Elle se remémorait toutes leurs félicités de nouveaux époux, à qui les vieillards pleins d'expérience et de sagesse avaient prédit une longue suite de jours heureux : ils étaient riches ; ils avaient de beaux enfants qui remplissaient la maison de joie, et ils croyaient qu'ils finiraient leur vie entourés de leur descendance, ainsi que l'on voit mourir les vieux dont l'existence fut paisible et laborieuse.

Alors Isabelle regardait le fils aîné qui s'en allait auprès du père, et, lui aussi, elle le revoyait dans la plénitude de ses formes, gouvernant sagement le bien des grands-parents, qu'un jour, à son tour, il remettrait entre les mains de son fils aîné.

Il était maintenant dans la force de l'âge, et cependant il paraissait presque aussi vieux que le père ; une même souffrance modelait leurs visages à la ressemblance l'un de l'autre ; et le fils aîné, qui avait laissé dans sa propre maison sa femme et ses enfants, pour revenir auprès des parents malheureux, dépérissait, se mourait de la peine du Doyen.

*
* *

Ils apprirent un jour que Jeannette allait être jugée par un tribunal ecclésiastique. Elle était accusée de crimes infâmes. Toute l'horreur de l'Inquisition se dressa dans la chaumière. Ils pleurèrent dans leurs paumes ; les larmes tièdes coulaient sous leurs manches, au long des bras repliés dont les coudes se serraient sur la poitrine enflée de sanglots ; et leurs têtes s'agitaient. Puis, tous trois tombèrent à genoux, et, longtemps, demeurèrent prosternés.

Dès lors, Isabelle s'épuisa en aumônes ; sa charité s'exaspérait avec la souffrance. Elle donnait de l'argent aux pauvres, et leur demandait, en échange, de mêler le nom de sa fille et de ses fils à leurs patenôtres.

Un soir qu'ils étaient là, ensevelis dans l'ombre de la salle, un visiteur parut sur le seuil ; ils ne le reconnurent pas tout d'abord, et lui clignait des paupières dans l'obscurité du « poêle ». Il portait un habit élégant que les d'Arc considéraient avec surprise, et des hommes silencieux se tenaient derrière lui. Mais il fit un pas, il ouvrit les bras, et les paysans eurent une sorte de cri d'épouvante : c'était Jean, leur fils cadet ! Et les deux autres ? Était-ce leur mort qu'il venait annoncer ?

Le père, qui s'était mis péniblement debout, chancelait sur ses jambes ; Isabelle, l'aiguille aux doigts, tournait vers Jean sa coiffe. Il baissait la tête... les deux autres... Pierre, son frère, avait été jeté en prison en même temps que Jeanne... Et l'on considérait la Pucelle comme perdue.

Il s'était retourné, il avait pris une lourde épée des mains d'un serviteur, et d'autres objets pesants... les armes de la petite guerrière, qu'il avait ramenées avec lui.

Le père avait saisi la grande épée de son enfant ; ses bras débiles avaient peine à la soulever ; il promenait un regard effrayé sur la lame : ne tenait-il pas dans ses mains la damnation de sa fille ? Et il avait demandé si Jeannette, au moins, n'avait pas tué avec ce fer tranchant ? Il avait frémi d'apprendre que la Pucelle jugeait cette arme « excellente pour frapper d'estoc et de taille ». Ce n'était point, d'ailleurs, la flamboyante

épée de sainte Catherine, découverte derrière
l'autel de Fierbois : la Pucelle en avait battu du
plat une ribaude qui suivait son armée, et à ce
contact impur, le fer s'était brisé.

Isabelle, l'ayant prise des mains tremblantes de
son mari, en pressait la garde entre ses doigts,
comme si elle eût voulu y retrouver la chaleur de
la paume qui l'avait brandie au milieu du combat.
Et tous deux accablaient de questions le voyageur.

Silencieux, le regard fixe, l'âme accrochée aux
paroles de ce fils revenu, ils l'écoutèrent...

La Pucelle s'était jetée dans Compiègne ; le
jour même, elle avait failli surprendre les assié-
geants ; mais ceux-ci étaient bientôt revenus de
leur surprise, et avaient poussé vivement les as-
siégés jusqu'au pont ; la Pucelle, restée en arrière
pour couvrir la retraite, n'avait pu rentrer à
temps ; elle avait été entourée, saisie, tirée à bas
de son cheval.

Les Bourguignons la voulaient ; Jean de Ligny
l'avait achetée, puis livrée aux Anglais ; elle était
maintenant à Rouen, où l'évêque Cauchon devait
présider le tribunal chargé de la juger.

Sans doute demandèrent-ils alors si le gentil
Roi de France n'allait rien tenter en sa faveur ?

— Et Jean avait secoué la tête tristement : l'évêque de Reims, chargé de négocier pour elle, ne
lui était point favorable. Là-bas, à la cour du Roi,
d'où arrivait le voyageur, on n'avait plus d'es-

poir ; elle-même avait pressenti sa fin. Elle répétait assez souvent : « Il me faut employer... je ne durerai qu'un an, ou guère plus ». — Elle recommandait au frère Pacquerel, son chapelain : « S'il faut que je meure bientôt, dites de ma part au Roi notre seigneur qu'il fonde des chapelles où l'on prie pour le salut de ceux qui seront morts pour la défense du royaume ». — Et, le jour même qu'elle devait être prise, étant allée communier à l'église Saint-Jacques de Compiègne, elle s'était appuyée tristement contre l'un des piliers et elle avait dit aux bonnes gens et aux enfants qui étaient là en grand nombre : « Mes bons amis et mes chers enfants, je vous le dis avec assurance, il y a un homme qui m'a vendue ; je suis trahie, et bientôt je serai livrée à la mort. Priez Dieu pour moi, je vous supplie, car je ne pourrai plus servir mon Roi, ni le noble royaume de France ».

On pensait que les Anglais la feraient brûler.

Ce jour-là, la maladie de Jacques d'Arc fit un grand pas.

Il fallait maintenant qu'Isabelle l'aidât à se lever du coffre où il était assis, à se vêtir de ses habits trop larges, et quand il sortait de sa maison pour aller rejoindre le Maire ou l'Échevin, elle craignait toujours, tant il était faible, qu'il tombât sur la route et y restât longtemps exposé au danger des chars et des montures.

Jacquemin ne se portait pas mieux ; on entendait les pieds lourds des deux hommes traîner sur les larges dalles du « poêle »». Ni l'un ni l'autre ne pouvait plus travailler la terre, et c'était là, pour eux, un tourment de plus. Ils la voyaient ouverte, sans engrais, perdant toute sa force, s'appauvrissant de jour en jour. Il fallait louer des aides, et ils se méfiaient de ce travail mercenaire. Quelquefois le père et le fils essayaient de marcher jusqu'à leurs champs, puis s'en revenaient péniblement, la face crispée, avec une barre dans la poitrine, comme si le fer d'une bataille leur avait traversé le corps. Leur nez se pinçait, la sueur coulait de leur chapeau de drap ; leur face verdissait, et ils respiraient avec peine ; ils se laissaient tomber sur un banc devant la cheminée.

Alors l'œil fixe, ils contemplaient le feu ; ils voyaient les flammes courir sur les bûches ; ils se penchaient afin de regarder de plus près comment elles mordent le bois, et la cendre qui reste au fond de l'âtre. Elles poussaient leur fumée vers l'énorme trou noir de la cheminée encrassée de suie, avec un petit sifflement satisfait et méchant.

Ils restaient là, longtemps, perdus dans une contemplation muette. Parfois les flammes projetaient vers eux une étincelle et, instinctivement, ils se reculaient. Isabelle, quand elle passait auprès d'eux, se détournait du feu ; elle continuait de remuer ses plats d'étain et ses chaudrons. Mais elle avait beau regarder d'un autre côté, le bûcher la poursuivait : elle en voyait s'agiter l'ombre dansante sur la muraille ; elle en entendait le sifflement ; des étincelles éclataient aux nœuds du bois ; elle résistait à la tentation d'aller le contempler, puis s'en venait, elle aussi, s'asseoir devant lui, entre son mari et son fils. Ils demeuraient de longs moments immobiles, tous les trois, ne disant mot, mais sachant bien qu'ils pensaient à la même chose, le visage rougi au reflet de la flamme, le dos rond, l'œil allumé par le feu ; et bientôt la chaleur qui se dégageait du foyer les obligeait de se reculer ; ils posaient des regards stupides sur les bûches. Quelquefois ils étaient si absorbés par la vue des cendres dont le lit s'épaississait sur la pierre du foyer, qu'ils ne songeaient plus à rien ; leur douleur les engourdissait ; puis la mémoire revenue brusquement leur vrillait l'âme : on disait que les Anglais allaient brûler Jeannette !

Mais peut-être était-ce fait déjà... Ils se cachaient la tête dans les mains pour ne plus rien voir ; alors ils entendaient le sifflement des flammes autour des bûches, et l'on eût dit que des chairs grésillaient.

Ils ne savaient pas si leur fille était brûlée ou si elle vivait encore, là-bas, à l'autre bout de la France, si son corps avait été réduit en cendre comme ce bois qui, maintenant, noir, calciné, retombait au fond de l'âtre, ou s'il avait toujours la forme que ses parents lui avaient connue.

Puis, à quelque temps de là, les gens eurent une mine singulière : ils se taisaient à leur approche ; s'il leur fallait se rendre en la ferme des d'Arc, instinctivement ils parlaient bas, comme on le fait en entrant dans la maison où il y a un mort. Les regards se détournaient des parents de la Pucelle ; les femmes se signaient après qu'ils étaient passés. On ne savait s'ils étaient maudits ou plaints ; et quand ils entraient quelque part, on eût dit que tous les habitants étaient pris de terreur. Les amies de Jeannette se cachaient dans leur chaumière ; ses marraines fuyaient à la vue d'Isabelle. Personne ne voulait leur apprendre la nouvelle que des voyageurs, en passant, avaient jetée au village ; mais ils devinèrent bientôt, à l'attitude des gens, qu'un événement funeste s'était accompli ; il fallut répondre à leurs questions.

On disait que Jeannette avait été brûlée.

Gémissants, ils réclamèrent des détails ; on en avait peu. Le bûcher était immense ; il effrayait par sa hauteur ; on y avait entassé bois sur bois. Un prêtre avait assisté la pauvre petite Pucelle jusqu'au dernier moment, risquant même d'enflammer sa robe au feu du bûcher. Jeanne tenait une croix sur sa poitrine ; au moment de mourir, elle avait crié : « Jésus » ! — Un Anglais s'était

enfui, en hurlant qu'il avait vu une colombe sortir de sa bouche.

Ils avaient demandé si le bourreau ne l'avait
pas étranglée avant de la monter sur le bûcher,
comme c'était la coutume de le faire à ceux qui
étaient condamnés au feu, et les gens, sans répondre, avaient baissé la tête.

Il y avait là, parmi tant d'autres, les fraîches
jeunes filles dont la petite suppliciée avait l'âge,
et qui, bientôt, sans doute, se marieraient, entou-
rées d'une noce joyeuse ; le vieux drapier dont
elle aimait la cloche ; les marraines qui se souvenaient de lui avoir donné un collier de verre pour
se parer un jour de fête ou une robe pour envelopper son corps maintenant réduit en cendre ;
les enfants qui avaient reçu des soins de ses pauvres petites mains douces, qui s'étaient croisées
sur sa poitrine au moment d'être brûlées ; les
vieillards qui avaient dormi dans le lit qu'elle
leur cédait si gentiment afin qu'ils pussent se reposer un peu sur sa bonne couette tendre... Il y
avait tous ceux-là, et d'autres encore, qui priaient
pour que le Maudit ne vienne pas réclamer son
âme au bûcher...

Et, dans la maison des parents, ils priaient encore, comme si le corps eût été là et qu'on eût
pu lui jeter dessus de l'eau bénite, et faire le
signe de croix qui est la protection des morts...

Mais le petit lit était vide... — Jeannette jamais ne reposerait dans cette bonne terre sainte

où le cadavre se délecte à se sentir purifié par les oraisons qui ont béni le lieu de sa sépulture... et elle n'aurait même pas sur son corps décomposé la petite croix chrétienne dont l'ombre bienveillante et protectrice se couchait sur elle, chaque nuit, du temps qu'elle était vivante.

CHAPITRE XI

COMMENT JACQUEMIN ET JACQUES MOURURENT
DE CHAGRIN, LAISSANT ISABELLE TOUTE SEULE,
AVEC SES BÊTES ET SES TERRES QUI N'ÉTAIENT PLUS
LABOURÉES.

On ne leur avait pas dit qu'elle avait été liée
sous un écriteau infâme et coiffée d'une mitre où
on lisait : « Hérétique, relapse, apostate, idolâtre... » — Mais les détails leur vinrent tout de
même, quelques précautions que l'on prît ; il y
eut des imprudences de langage, des mots lâchés
trop vite, des mines qui, en donnant l'éveil, forçaient d'avouer ce que l'on savait. Ils apprirent
qu'elle avait eu si peur de son supplice que, pour
y échapper, elle avait, paraît-il, signé une abju-
ration.

Sa mort avait donc été ignominieuse ! le jugement porté sur elle par un tribunal ecclésiastique
bouleversait les parents : ils ne savaient pas faire
de distinction entre l'Église infaillible et les indi-

vidualités qui la composent. — Or, l'un de ses
représentants venait de traiter leur fille d'hérétique, relapse, apostate et idolâtre ! Un évêque ne
pouvait se tromper, ni mentir. Leur devoir de
chrétiens était donc de croire que leur petite Jeannette, si douce et si charitable, n'était qu'un
monstre possédé du diable, une créature maudite,
morte en portant son infamie écrite sur sa tête.
Tout leur être protestait : mais cette révolte
n'était-elle pas monstreuse ? Dans le trouble extrême où ils se trouvaient, tout venait augmenter
la confusion de leur esprit.

Jacquemin ne quittait plus son lit, et Jacques
d'Arc avait grand'peine à sortir du sien ; Isabelle
savait bien que le jour était proche où il ne pourrait plus se lever.

Il était écrasé de honte, et ne voulait plus de
son titre de Doyen. Il se jugeait le dernier du
village, et disait que le plus misérable des mendiants valait mieux que lui, car il n'avait pas une
sorcière dans sa famille. La vue d'autrui augmentait sa confusion et lui était insupportable. Il ne
sortait de ses pensées lugubres que pour entendre
les râles de son fils aîné. Jacquemin était couché
sur le dos ; une respiration bruyante s'échappait
de sa bouche ouverte ; Isabelle se penchait sur lui,
disputait à la mort le seul enfant resté auprès
d'elle ; mais l'humble femme n'avait que de pauvres moyens... Et elle ne pouvait pas empêcher
l'esprit du malade de suivre ses pensées, elle ne

pouvait pas, de ses deux mains tendues, lui faire un écran afin qu'il ne vît plus les choses affreuses dont il se mourait, parce que, ainsi que Jacques d'Arc, il avait le cœur trop tendre et trop fier pour les supporter. Alors le mal était le plus fort.

Son fils agonisait entre ses bras... tout l'abandonnait de ce qu'elle avait connu, de ce qu'elle avait aimé... Elle retrouvait sur le visage de Jacquemin le visage de Catherine expirante ; il roulait sa tête de la même façon sur l'oreiller, et sa peau était de la même couleur verte. Isabelle allait de son fils mourant à son mari débile ; ses mains ne se refermaient plus que sur des bras plus maigres que des bras d'enfant ; elle aidait le moribond à se soulever sur sa couche, ramenait l'époux malade à son lit, faisait passer le bord des hanaps entre les lèvres desséchées de l'un, essuyait le dos mouillé de l'autre ; elle ne recevait plus au visage que des souffles altérés par la fièvre, n'entendait plus que des respirations haletantes qui essayaient d'articuler des paroles. Et, la nuit, le délire dressait les deux hommes sur leur couche ; il fallait qu'elle allât vers eux afin de les apaiser, de les reborder entre leurs draps.

Dans leur délire, ils parlaient de la Pucelle ; sa mitre infâme se dressait au fond du « poêle » ; elle avait grandi, elle était immense, elle montait jusqu'au plafond. Ils la voyaient : elle criait au monde que Jeannette, la fille de Jacques d'Arc, était une idolâtre et une relapse !

Isabelle essayait de calmer ses malades hagards, leur passait un linge mouillé sur le visage, leur faisait boire les tisanes qui apaisent la fièvre, leur disait des paroles douces... Et elle avait elle-même, dans le cœur, Catherine morte de maladie, Pierre en prison, et sa petite Jeannette qu'on lui avait brûlée vive.

Un soir, les râles du fils montèrent dans la grande chambre ; ils dominaient l'essoufflement de Jacques d'Arc ; on n'entendait plus qu'eux, réguliers, monotones ; c'était la fin.

Jacquemin ne retournerait plus dans la ferme qu'un jour il avait délaissée pour s'en venir aider les parents à cultiver leurs terres et les réconforter de sa présence ; sa femme, délaissant les travaux qu'elle dirigeait, accourut de Vouthon. Elle était déjà comme une veuve, et son visage portait les traces de ses veilles et de ses fatigues, car la maison d'où l'homme s'en est allé ressemble à un navire dont le gouvernail s'est cassé ; il résiste mal à la tempête, et a bien des chances de ne point rentrer au port. Ses enfants, effrayés par le malade et le moribond, se pressaient contre elle, et Isabelle, s'écartant, lui avait cédé sa place auprès du lit, où l'on voyait un Christ monter et s'abaisser sur le drap, au rythme du grand souffle rauque qui s'échappait du corps en agonie.

Quand elle revint du cimetière — sans doute l'avait-on enterré à côté de la maison, au milieu des petites croix blanches —, Isabelle dut donner ses soins à l'époux malade. Pour s'approcher de lui, elle frôlait de ses jupes le lit d'où l'on venait d'enlever le cadavre de son fils. Il était recouvert d'un drap qu'on semblait avoir rabattu sur le mort, et il y avait encore, à côté, les deux cierges à demi consumés que la paysanne avait vus rayonner sur la face de Jacquemin, la face vieillie, ravagée par le chagrin, et qu'elle retrouvait maintenant sur l'oreiller de Jacques d'Arc.

Bientôt le Doyen, à son tour, ne quitta plus le lit ; la fièvre le soulevait entre ses draps ; elle lui faisait le visage tout rouge, comme si on l'avait barbouillé de vermillon et qu'on lui eût peint des flammes dans les yeux. Il appelait ses enfants, voulait que Pierre emmenât les bœufs, que Catherine s'en allât chercher du bois, et demandait pourquoi Jeannette ne mettait pas les écuelles sur la table. Puis, se souvenant, il suppliait qu'on lui apprît où était l'âme de sa fille. Il cherchait des prières dans sa tête pour les dire à son intention, et il ne lui en revenait que des bribes... Il essayait d'y accrocher sa pensée qui le fuyait ; il voulait demander à Dieu de prendre en pitié sa petite Jeannette, lui expliquer qu'elle était bonne et douce, et que, si elle avait péché, ce ne pouvait être que par ignorance. Mais les phrases ne se formaient plus dans son esprit, et ses lèvres sèches répétaient les noms de Jésus et de Marie sans parvenir à en articuler d'autres. Le diable l'empêchait de prier pour que Jeannette ne fût pas sauvée, lui mettait la main sur la bouche, l'étouffait... Et Jacques d'Arc, le visage noir, se débattait contre l'asphyxie.

Quand la crise était passée et qu'il avait recouvré sa lucidité, une sueur d'angoisse sortait de son corps. Il voyait l'échafaud où l'on avait amoncelé tant de bois qu'il effrayait par sa hauteur, il entendait les huées de la foule. Quel cri épouvantable avait dû pousser son enfant, quand les premières flammes avaient brûlé ses pieds ! Avait-elle pensé à ses parents avant de mourir, revu son village, sa maison, et ce « poêle » familier où son frère était mort de chagrin et où son père sentait bien qu'il n'irait plus loin, lui non plus ?

Mais bientôt l'écriteau infâme se dressait de nouveau devant lui, et la honte le rabattait sur son matelas ; il y restait longtemps immobile, les yeux clos, baignant dans sa sueur.

Il revoyait son père, ce vieillard grave et pensif dont il vénérait le souvenir, et, de lui, remontait à son aïeul, puis à son trisaïeul ; d'âge en âge, il égrenait les maillons de la chaîne des ancêtres, tous vénérables et bons fils de l'Église. Alors, rempli d'une honte qui lui faisait défaillir le cœur, il leur demandait pardon d'avoir, par sa descendance, entaché leur nom d'infamie.

Puis il pensait à son autre fils, Pierre, qui était prisonnier des Anglais. Il allait falloir beaucoup d'argent pour le racheter ! Sa femme serait bientôt obligée de vendre tout son bien, et elle se retrouverait plus misérable qu'une mendiante de la route avec ses enfants serrés contre sa robe et qui crieraient de faim. Alors elle viendrait habiter Domremy, chez ses beaux-parents. C'était le refuge naturel, et l'autre bru, la veuve de Jacquemin, peut-être un jour s'y abriterait aussi, si la ferme était trop lourde pour elle seule et s'il lui fallait l'abandonner à des étrangers.

Le malade, péniblement, se soulevait sur ses coudes ; il jetait un regard autour de lui, puis sa tête retombait ; il fermait les yeux ; il pensait que c'eût été le moment d'activer le travail de la ferme, de violenter la terre pour l'obliger de donner des moissons plus riches, d'engraisser les bêtes afin d'exciter les convoitises des hommes par des chapons et des porcs débordants de chair : et voilà qu'à l'heure où les siens avaient grand besoin de lui, il s'en allait, il laissait le champ en friche, la maison sans maître ! Dans son désespoir, il appelait Isabeau ; elle accourait, avec ses rides dures, et sa coiffe raide sous le voile. Elle était tout apitoyée de le voir glisser vers l'autre monde, et de comprendre qu'ils avaient tous les deux la même peine. Elle se penchait, devenait maternelle, essuyait son visage en sueur, lui donnait une tisane à boire — ou bien quelque drogue apportée de chez l'apothicaire. Peut-être lui disait-elle : « Mon pauvre homme » ! — et dans ces trois mots passait toute sa tendresse de bonne épouse, sa peine de ne pouvoir l'empêcher de mourir.

Il la regardait de ses yeux tristes ; il avait l'air de lui demander pardon de la quitter ; il lui faisait ses recommandations pour quand il n'y serait plus ; et puis tous deux restaient sans rien dire ; ils étaient pleins de souvenirs qui les étreignaient ; depuis plus de trente ans ils vivaient ensemble, sans jamais se quitter ; ils avaient partagé toutes les joies et toutes les peines...

Au bout d'un moment, Isabelle s'éloignait du lit de Jacques d'Arc, appelée par ses occupations de ménagère. Le malade l'entendait vider ses bassines et changer la litière des bêtes ; elle marchait dans la chambre des garçons, dans celle de Jeannette où elle ouvrait son pétrin. Souvent, quand elle avait fini de brasser la pâte, elle s'en allait au placard du mur ; deux ou trois humbles robes y pendaient, et Isabelle se souvenait du jour où elle les avait essayées à l'enfant. Elle sentait encore la chair vivante, les muscles tendus, le cou chaud où appuyaient ses doigts en piquant leurs épingles. Elle contemplait les plis de l'étoffe à qui le corps avait imposé sa forme, ses mouvements ; et il montait du col, des bras, la senteur de cette jeunesse saine qui s'était dépensée en travaux des champs et qui avait cuit le pain, battu le beurre et soulevé dans l'étable le fourrage des bêtes.

L'enfant avait été brûlée sur un grand bûcher...

Elle allait au lit, en secouait le matelas... Elle pensait qu'elle lui avait fait une couette bien tendre... Elle avait encore dans les narines l'odeur du petit corps chaud qu'elle prenait dans ses bras quand Jeannette, toute petite fille, s'éveillait le matin, dans la moiteur de la laine et du sommeil. Elle la voyait s'écarter les cheveux du front, de sa petite main potelée, et lui sourire dans un long bâillement paresseux... Et ce petit enfant-là, ce petit enfant enveloppé de choses douces, on l'avait brûlé, puis jeté à la Seine avec les immondices des rues !

Isabelle s'essuyait les yeux d'un revers de main, et se penchait sur son four.

Elle avait les mêmes gestes, toujours, comme si rien n'eût changé dans sa vie ; le pain pour la semaine, le jambon au saloir, la quenouille de lin, les bêtes, le feu pour la soupe du soir. Agenouillée devant l'âtre, écrasée par le manteau de la vaste cheminée, elle plongeait ses mains dans les braises ; elles étaient tièdes comme un corps qui, lentement, se refroidit... Isabelle battait le briquet, regardait la paille enflammée se tordre entre ses doigts, se dissoudre en fumée ; elle regardait les bûches... Il y en avait de mouillées qui ne voulaient pas brûler ; le feu s'aplatissait, les léchait, puis éclatait en gerbes bleuâtres à d'autres coins de la cheminée ; elle devait souffler dessus

au travers de son long tube... Quelquefois le vent
lui rabattait la flamme au visage, et elle reculait
d'un air d'effroi... Une étincelle lui était sautée
à la robe, elle la secouait ; elle sentait la laine
roussie. Alors, un grand frisson faisait onduler
son échine... Et, de nouveau, Isabelle s'avançait
vers le feu, y dardait son regard... Par instants,
elle avait envie de refermer sa main sur la flamme
dansante... pour voir ! elle avançait, avançait, et
quand le souffle du brasier devenait brûlant,
quand elle touchait presque la flamme, malgré
elle, le membre se dérobait.

Accablée, elle restait là. Elle revoyait la rivière
qui s'était embrasée, un jour que le village brûlait ; du château de l'Ile, Jeannette la regardait ;
l'enfant tremblait de peur au spectacle de l'incendie qui léchait le ciel.

La paysanne entendait le sifflement de son feu.
Comme celui de Jeannette devait être bruissant, si
haut, si nourri de bois !

Or, voici que peu de temps après qu'avaient
couru des bruits sur la mort de Jeannette, des
femmes se précipitèrent... ; elle criaient : « Isabelle ! Isabelle ! » — Et la paysanne les regardait s'en venir avec de grands gestes. Est-ce
qu'elles étaient devenues folles ? Elles parlaient
toutes à la fois. Elles disaient que Jeannette n'était

pas morte ; il y avait des gens qui croyaient fermement que « par sa saincteté, elle se feust es-
« chappée du feu, et qu'on en eust arse une
« aultre, cuidant que ce feust elle-mesme. »

On l'embrassait ; on était sûr, maintenant, que sa fille n'avait pas été brûlée ; on lui disait qu'elle la reverrait un jour.

La revoir ! revoir ce qu'elle avait cru n'être plus que cendres dispersées... La tête lui tournait ; elle avait dû s'asseoir sur un coffre. Et, dans son lit, Jacques d'Arc se dressait, hagard. Pas morte, la petite Jeannette ? Le bûcher, un cauchemar ? Il se trouvait un endroit sur la terre où Elle vivait ?

Il y avait presque de la joie sur leur visage.

Grelottant la fièvre, Jacques d'Arc, qui ne pouvait plus quitter son lit, voulut écrire à tous ceux qui, par leur place et leur situation, étaient propres à le renseigner ; et quand, par hasard, un habitant de Domremy s'en allait en voyage, il le suppliait de s'informer de la Pucelle tout au long de sa route... Quand passait devant la chaumière un cheval richement caparaçonné et suivi de serviteurs nombreux, le Doyen tressaillait entre ses draps trempés de sueur, en pensant que c'était là peut-être l'équipage de quelque grand seigneur instruit des événements de la Cour, et, par-là même, de ceux d'Angleterre.

Le peu de renseignements qu'ils purent obtenir les jeta dans un plus grand trouble : les uns di-

saient que les Anglais avaient substitué à la place
de Jeanne une malheureuse qui méritait par ses
crimes le supplice qu'ils voulaient paraître avoir
infligé à la Pucelle ; d'autres prétendaient, au
contraire, que « les Anglois, doubtant qu'on vou-
« lust semer qu'elle ne feust point morte ou que
« quelque aultre qu'elle feust bruslée en son lieu,
« firent, après qu'elle feust morte, retirer le feu
« et tout le bois arrière du corps, afin qu'on co-
« gneust qu'elle feust morte. » — Certains disaient que des gens de l'armée l'avaient fait mourir « pour cause qu'elle attribuait tous les honneurs des faits d'armes à elle ». — Enfin, il y en
avait qui affirmaient qu'elle n'était point tombée
entre les mains des Anglais.

A la vérité, personne ne savait rien.

Alors, les pauvres parents étaient le jouet de
tous ces bruits contradictoires ; passant de l'espérance folle à l'abattement qui laisse stupide et
sans pensées, ils perdirent Jeannette plusieurs
fois.

Le lendemain de ces jours funèbres où la dernière nouvelle entendue disait que la Pucelle, dé-
cidément, avait été brûlée, le Doyen avait les yeux
plus creux, le souffle plus court, et la fièvre le
consumait.

Alors, déjà, la maison semblait plus grande à
Isabelle.

Cependant, rien n'avait changé autour d'elle. Les jeunes filles chantaient toujours leurs chansons, les chars passaient sur la route avec le même cahotement, les soldats y marchaient du même pas, les grelots continuaient de tinter joyeusement au cou des mules qui portaient des ecclésiastiques, et, quand venait le jour du Lætare, le même violoneux entraînait la jeunesse vers le bois fleuri. Du dehors, la maison des d'Arc, elle aussi, avait gardé son aspect de naguère : la paysanne lui voyait toujours son même toit de chaume à une seule pente, son pommier, son petit mur bas, et la Meuse de l'autre côté de la route. Mais le soir, à l'heure où s'en reviennent les troupeaux et les hommes qui portent leur faux sur l'épaule, plus personne n'en poussait la porte.

Isabelle évoquait le temps où le Doyen disait ses contes : la voix de l'homme heureux et bien portant emplissait la salle de ses phrases à l'accent un peu ironique, et qui se terminaient lentement, sur une note triste. Et quand l'appelait le pauvre souffle du mourant, qui avait peine à prononcer encore son nom, les larmes lui sortaient des yeux.

Ce fut ainsi qu'un soir, Jacques d'Arc mourut, la laissant toute seule avec ses bêtes et ses terres, qui n'étaient plus labourées.

Elle le conduisit au cimetière, puis elle rentra

dans la maison vide. Les femmes qui l'avaient emplie à l'heure de la veillée funèbre étaient maintenant reparties chez elles, où les attendaient leurs maris et leurs enfants. Aveline, sa sœur, s'en était allée par la route ; ses brus avaient regagné leurs fermes. La paysanne avait encore dans l'oreille la plainte rauque de l'époux qui mourait ; elle l'entendait partir du lit poussé dans l'encoignure de la grande chambre et monter sous les poutres basses ; et, par moments, sa tête était si fatiguée qu'elle ne savait plus si c'était le râle de Catherine, de Jacquemin ou de Jacques.

Elle se sentait toute désorientée de n'avoir plus personne à soigner. Sa solitude l'accablait, car elle était accoutumée de passer sa vie entre deux malades, de ne jamais s'appartenir ; et voilà que, tout à coup, elle pouvait aller et venir à sa fantaisie, sortir, ne pas rentrer si bon lui semblait : aucun être n'attendait plus ses soins !

Alors, assise au coin de la cheminée où rien ne chauffait pour le souper, elle songeait. Dieu venait de lui reprendre ce qu'il lui avait donné ; et pour qu'elle ne pût, en sa grande douleur, s'appuyer sur l'épaule de son vieux compagnon, il l'en avait séparée.

La peine qui avait conduit le Doyen et Jacquemin au tombeau ne devait pas y mener Isabelle. Elle était l'une de ces grandes femmes rudes, bâties d'un corps solide, d'un cœur ferme, qui semblent faites tout exprès pour souffrir. Ce sont des nefs bien assemblées où se brisent les lames de l'infortune. Pour qu'elles ne perdent rien de la douleur qu'elles ont à subir, leur tête garde toutes ses pensées bien en ordre. Au milieu des plus grands désastres, elles conservent leur lucidité, leur clairvoyance. Leur santé résiste à toutes les ruines ; leurs artères ne s'usent pas beaucoup plus vite que ne s'usent les artères des gens paisibles et satisfaits.

Les vaches remuaient doucement à l'étable ; le grillon familier, qui est le bonheur des maisons, chantait dans la cheminée. Le soleil, au loin, brillait au-dessus du Bois-Chenu... Elle se dit que son mari allait dormir sa première nuit au cimetière... Alors elle chercha, dans sa pensée, combien Catherine et Jacquemin en avaient déjà passé dans leur cercueil... Quand vint le tour de Jeannette, la paysanne eut un grand geste d'effroi : son corps réduit en cendres avait été jeté au fleuve !

Et les jours défilèrent.

Pas une plainte n'échappait à Isabelle ; elle ne se révoltait point, elle acceptait la douleur. Seulement, ayant prié pour tous ses morts, et aussi pour son fils Pierre, que les Anglais ne rendaient point, elle demandait à Dieu qu'il lui plût de la tirer de son incertitude, de lui permettre de savoir si Jeannette était vivante comme certains le prétendaient, ou si les Anglais l'avaient brûlée bien réellement.

Car le doute subsistait pour la malheureuse : les détails les plus contradictoires lui étaient fournis. Un jour on lui disait que la Pucelle vivait encore, que Cauchon l'avait fait évader. Le lendemain, des gens racontaient qu'au moment où les flammes du bûcher s'étaient éteintes, on avait trouvé, parmi des cendres brûlantes et des os calcinés, son cœur intact. Furieux de ce prodige, les Anglais avaient tout balayé à la Seine ; et Jeannette, disait-on, n'avait pas laissé ici-bas plus de traces visibles de son passage que les esprits célestes qui l'assistaient.

Les jours succédaient aux jours. Des années passèrent. Isabelle vieillissait solitaire en sa maison ; elle commençait de se courber, et se montrait de plus en plus silencieuse; ceux qui la voyaient passer contemplaient l'image même de la douleur humaine ; tout était ruine en elle et autour d'elle. Il n'y avait pas un objet de sa maison qui ne lui rappelât un mort.

Sur les lits recouverts de housses, elle couchait des corps ; les édredons chauffaient des places où personne ne venait plus s'étendre, et maintenant Isabelle, quand arrivait la nuit, se glissait entre deux draps froids. Elle ne disait plus bonsoir à personne avant de souffler la lumière. Elle était seule avec le souvenir de ses défunts. Et tout, dans la chaumière, lui parlait du temps heureux de sa vie.

Les bassines qu'elle soulevait étaient lourdes à

ses bras, vastes comme il les faut à une famille, alors que, pour elle seule, le moindre petit pot eût suffi ; les cruches, trop hautes, n'étaient plus jamais pleines ; la table familiale lui paraissait bien longue quand elle y avait posé son écuelle solitaire. Et tous les bancs... — vides. Et ce rouet devant l'âtre... A quoi bon filer, maintenant que les draps ne seraient plus usés, et que personne n'entrerait dans les chausses pliées au fond des coffres pleins d'habits qu'il lui fallait disputer aux vers ?

La seule pensée douce de sa vie reposait sur Jean, son fils ; la guerre lui avait réussi ; il était resté à la cour de Charles VII, et l'on augurait bien de sa fortune. Elle se disait : « Que celui-là, au moins, soit heureux ! »

Pierre se morfondait toujours dans les geôles anglaises, et il était maintenant la grande préoccupation d'Isabelle.

Les Anglais demandaient beaucoup d'argent pour le rendre, et sa femme avait vendu toutes ses terres, les unes après les autres, mais ce n'était point assez : ils voulaient plus d'écus encore.

Elle abandonna sa maison, le seul bien qui lui restait, et, baissant la tête, traînant ses enfants, s'en fut par la route, comme ces bohémiennes sans feu ni lieu qui jettent des sorts aux honnêtes gens. Sans doute alla-t-elle se réfugier à Domremy, auprès d'Isabelle.

Pour se réconforter, la paysanne n'avait plus à contempler que le visage douloureux de sa bru.

Les journées des deux femmes se passaient à attendre des nouvelles du prisonnier ; beaucoup de temps s'écoulait ; il fallait patienter pendant des semaines et des semaines avant de connaître la réponse des Anglais et leurs exigences nouvelles. Ils voulaient toujours plus d'écus !

Alors, Isabelle vendit ses bêtes, vendit ses champs les uns après les autres pour racheter son fils. Après avoir souffert dans son âme de mère, d'épouse et de chrétienne, elle souffrit dans sa race de paysanne ; là aussi, le mal fut profond : tous les morts de sa lignée se révoltaient. Et puis ces bêtes, ces champs, c'était le plus vivant souvenir qui lui restait de Jacques d'Arc. Ils avaient fait l'objet de ses plus constantes préoccupations. Elle y pensait en entassant les écus, avec sa bru, dans des sacs qui allaient partir pour l'Angleterre. Cependant qu'ils roulaient sur la route, la terrienne, humiliée, songeait qu'elle ne possédait plus, pour tout bien, qu'une chaumière et un jardin.

Elle attendit la réponse des Anglais avec une anxiété accrue, car elle n'avait plus, cette fois, que sa maison à leur donner, s'ils demandaient plus d'argent encore. Les journées lui paraissaient interminables ; elle les passait, en compagnie de sa bru, à supputer les chances qu'elles avaient de voir réussir leur négociation. Puis les deux femmes s'arrêtaient dans leurs raisonnements, saisies d'un doute qui leur étreignait l'âme : où était Jeannette la fille, où était Pierre le fils ?... Peut-être les Anglais l'avaient-ils fait mourir à force de mauvais traitements... Et, s'il revenait jamais, n'allaient-elles point n'avoir devant les yeux qu'un vieillard en qui elles ne retrouveraient plus l'époux et le fils dont leur mémoire avait gardé l'image de jeunesse et de force ? Tout, pour elles, était incertitude, attente sans espoir ; un seul point solide, une seule assurance : la tombe du mari et du fils morts de chagrin.

Les Anglais, cette fois encore, trouvèrent la rançon trop mince.

La bru n'avait plus rien à vendre ; la paysanne, de son côté, avait cédé toutes les terres de sa dot ; il ne lui restait plus que la maison de Domremy. Isabelle jeune femme, heureuse et bien-aimée, y était arrivée un jour, traînée dans un char avec toutes ses richesses... Ses enfants y étaient nés... Elle n'avait qu'à regarder autour d'elle pour les voir encore dormir dans leurs petits lits bas posés à même le dallage du sol. Le fils aîné était revenu pour y mourir ; dans ce chaudron qu'on la voyait poser sur les braises, elle faisait bouillir l'eau de ses tisanes ; elle mettait la tasse dont il prenait le bord entre ses lèvres sèches sur ce coffre de bois...

Là, le père avait vécu ; ses chausses avaient

frôlé tous les bancs, ses coudes s'étaient appuyés sur la table, ses semelles avaient fumé au feu de l'âtre... Là, les deux époux avaient pleuré ensemble sur le supplice de Jeannette, le décès de Catherine et de Jacquemin. Le bon compagnon était mort dans le grand lit où Isabelle couchait maintenant toute seule, derrière ses rideaux d'étamine.

Isabeau fit un emprunt à Philibert de Brécy et donna en gage sa maison [1] pour racheter son fils ; et ce fut comme si tous ceux dont elle portait le deuil venaient de mourir une seconde fois.

Elle traversa le « poêle », et l'on eût dit que les siens lui chuchotaient à l'oreille mille choses navrantes et douces tout ensemble, pour la retenir, lui rendre son acte plus pénible... Toutes les parties de la maisons criaient des souvenirs ; le lit du père et le lit du fils, avec leur bois terni par la tiédeur des paumes, lui disaient les soins rendus aux deux malades, et la maison tout entière enflait leurs râles. L'âtre, empruntant la voix de Jacques d'Arc, racontait une légende ; et tous les enfants étaient assis en rond devant lui, avec leurs yeux qui brillaient à la lueur de la lampe. Les grosses charnières des coffres racontaient combien de fois on les avait ouverts pour prendre les

---

1. L'emprunt dut être remboursé, car, en 1438, lors du départ d'Isabelle pour Orléans, la maison de Domremy échoit à Johan d'Arc, qui vient s'y établir en 1468

habits dont on venait de les vider. Le pommier
du seuil chantait les rondes de Jeannette.

Toute courbée, ayant sur l'échine le fardeau
pesant des souvenirs, elle traversa l'étable qui
avait gardé l'odeur des vaches et gravit péniblement les deux marches du seuil.

Elle était anxieuse de savoir comment elle
pourrait rembourser l'emprunt qu'elle venait de
faire à Philibert de Brécy.

Maintenant, elle attendait l'arrivée de son fils
Pierre ; l'angoisse serrait le cœur de la mère et
de la bru, qui se demandaient en quel état le prisonnier allait leur apparaître. Elles éprouvaient
une grande honte d'être si pauvres qu'elles ne
pourraient même pas fêter son retour et ne lui
offriraient, au contraire, que le spectacle de leur
détresse.

Ce fut elle, en effet, qui l'accueillit. Au sortir
de ces cinq années de prison et de mauvais traitements qu'il venait de subir, il apprenait le décès
du père et du frère et retrouvait la maison presque vendue, la mère, la femme, les enfants dans
la misère.

Ce fut alors qu'il courut des bruit singuliers.
L'incertitude où l'on était de la mort de Jeannette avait inspiré à maintes filles la pensée auda-
cieuse de se donner pour la Pucelle.

Au cours de son procès, quand il avait été demandé à la Pucelle si ses voix lui annonçaient qu'elle s'évaderait de sa prison, ne s'était-elle point décidée à répondre, après avoir une première fois éludé la question : « Oui, en vérité, elles m'ont « dit que je serais délivrée ; mais je ne sais ni « le jour ni l'heure. » — « Maintes personnes, « qui estoient abusez d'elle, creurent fermement « que, par sa saincteté, elle se fust eschappée du « feu et qu'on eust arse une autre, cuidans que « ce fust elle-mesme » [1].

D'ailleurs, pour la déguiser, les Anglais ne l'avaient-ils pas coiffée d'une mitre élevée lui cachant presque entièrement le visage, et « contre elle et par devant », n'avaient-ils pas placé un tableau plein d'injures et de « contumélies », afin qu'on ne pût la reconnaître ? — Les aventurières ne manquaient pas de rappeler la prédiction de la Pucelle et ces particularités de son supplice, afin de mieux persuader les gens qu'elles étaient bien ce qu'elles prétendaient être. Mais le rôle les écra-

---

1. Journal d'un Bourgeois de Paris.

« ... fut prinse par les Anglois et par les Bourguignons qui « estoient contre la gentille fleur de lys... Puis envoyée en « la cité de Rouen en Normandie. et là fut-elle eschaffaudée « et arse en eung feu, ce volt-on dire, mais depuis fut trouvé « le contraire. » — Chronique de Metz.

« Fut baillée aux Anglois qui, en despit des François, la « bruslèrent à Rouen ; ce disent-ils néanmoins que les Fran- « çois le nyent... » — Nef des Dames, Symphorien Champier-Lyon 1503.

« L'an 1431, la veille du Sacrement, fut la Pucelle bruslée « à Rouen ou condamnée à l'être. » — Chronique bretonne 1540.

sait bientôt, et elles ne tardaient pas à se voir démasquées, ou bien à disparaître sans que l'on entendît plus jamais parler d'elles.

En mai 1436, il en surgit une qui était une intrigante fort remarquable. Elle s'appelait Claude, et se faisait passer pour « la Pucelle Jeanne qui avait été en France ». Le peuple émerveillé contait sur elle des choses stupéfiantes. Elle était pleine de verve, d'activité, de séduction ; elle dansait, buvait et prophétisait à merveille. A Cologne, elle s'était vantée de rétablir une nappe déchirée ou une vitre brisée, et n'avait échappé à l'Inquisition que grâce à la protection du comte Ulrich de Wurtemberg. Elle venait d'apparaître à Metz.

La renommée de cette fille arriva bientôt aux oreilles de Jean, qui était à la cour de Charles VII. La surprise et l'incrédulité furent les deux premiers sentiments qu'il éprouva, sans doute ; mais peu à peu l'espoir se glissa en lui ; à entendre tous les propos des gens, le jeune homme finit par se dire qu'il se pourrait fort bien que Jeanne n'eût pas été brûlée. En même temps, il entrevoyait tout ce que l'événement aurait d'avantageux pour les parents de la Pucelle ; certes, en souvenir d'elle, le Roi accorderait bien des faveurs ; mais Jean estimait, non sans raison, que les vivants ont beaucoup plus de chances que les morts d'être écoutés des puissants de ce monde, et fondait plus d'espoir sur la présence réelle de sa sœur que sur la vertu de sa mémoire, si grande et si vénérable que fût celle-ci.

Il sollicita de Charles VII la permission de se rendre à Metz, et ce fut ainsi qu'Isabelle le vit arriver un jour à Domremy, où il s'en venait chercher son frère pour aller avec lui reconnaître si leur sœur était bien réellement toujours en vie.

Quelle fut l'émotion d'Isabelle quand il lui apprit ces choses !

Imaginez-la disant au revoir, sur le pas de sa porte, à ses deux enfants qui bientôt, peut-être, verraient sa fille ! Elle avait dû accabler Jean de questions précises auxquelles il n'avait pu répondre, s'étant mis en route lui-même sur la foi d'une lointaine rumeur ; et maintenant elle faisait mille recommandations aux deux hommes pour qu'ils reconnussent Jeanne sans erreur, car Isabelle se méfiait de leur jeunesse. Elle les mettait en garde contre la ruse et la duplicité de certaines femmes, puis, s'interrompant, laissait échapper une grande exclamation d'espoir : si cela était vrai, pourtant !

La paysanne n'arrivait pas à croire que peut-être elle serrerait bientôt dans ses bras la pauvre petite guerrière. C'eût été un trop grand bonheur... il ne pouvait lui advenir !

Sa vie, de nouveau, n'était plus qu'une attente. Par la pensée, elle suivait ses fils dans leur voyage ; elle se disait : « Aujourd'hui, ils doivent

approcher de Nancy ; dans tant de jours, ils seront à Metz. » — Puis elle essaya de se représenter l'entrevue qui avait lieu sans doute au
même instant.

Elle s'efforçait d'imaginer la femme qu'avait
dû devenir l'enfant de dix-sept ans. Qu'avait fait
Jeannette pendant ces cinq années de silence où
on l'avait crue morte ? Comment avait-elle vécu ?
La mère s'effrayait de l'existence errante de sa
fille ; elle se demandait en quel milieu elle l'avait
conduite, à quel spectacle elle l'avait exposée.
Puis, haussant les épaules, elle se disait : « A quoi
bon me tourmenter ? Ce n'est pas Elle ! Il n'est
pas possible que ce soit Elle ! » — Isabeau ne
pouvait admettre que le premier geste de Jeannette n'eût pas été d'accourir l'embrasser dès
qu'elle avait recouvré la liberté.

Alors, la pauvre femme sentait mieux sa solitude, et le poids de toutes ses peines l'accablait. A
d'autres moment, au contraire, sans qu'elle eût
plus de raisons d'espérer, elle se prenait à imaginer le retour de sa fille ; elle la voyait arrivant,
escortée de ses deux frères, se jetant dans ses
bras... — Ah ! comme Isabeau la presserait sur
elle, folle de la sentir vivante après l'avoir crue
brûlée et l'avoir pleurée pendant près de cinq ans !
Elle pensait alors à son mari et à son fils aîné,
qui tous deux étaient morts de chagrin à cause
de cette fausse nouvelle !

Elle passait par des sentiments si divers et si

contradictoires, qui la jetaient tour à tour au doute et à l'espérance, que cette attente fut pour elle une nouvelle épreuve.

Cependant qu'Isabeau se tourmentait ainsi, Jean reconnaissait sa sœur en Claude des Armoises.

Le Doyen de Saint-Thibaut de Metz écrit dans sa Chronique :

« L'an 1436, fut sire Phelepin Marcoulz mais-
« tre echevin de Metz.

« Icelle année, le 20me jour de May, vint la
« Pucelle Jehanne qui avait esté en France à la
« Grange aux Hormes, près de Saint-Privey, et
« y fut amoinné pour parler à aucuns seigneurs
« de Metz et se faisait appeler Claude et le pro-
« pre jour y vinrent veoir ses deux frères dont
« l'un était chevalier et s'appelait messire Pierre
« et l'autre Petit-Jehan escuier, et cuidaient qu'elle
« fut ars, et tantost qu'ils la virent, ils la con-
« gneurent et aussi fist elle eux, et le lundy
« XXIme jour doudit mois, ils l'anmoinont ler-
« suer avecq eulx à Bacquillon et ly donnoist le
« sire Nicolle Lowe, chevalier, ung roussin du
« pris de XXX francs et une paire de louzelz et
« seigneur Aubert Bouley, un chapperon, et sire
« Nicole Groingnait une espée et ladite Pucelle
« saillit sur ledit cheval très habilement et dict
« plusieurs choses au sire Nicolle Lowe dont il

« entendit bien que c'estoit celle qui avait été en
« France et fut recongneu par plusieurs enseignes
« pour la Pucelle Jeanne de France qui amoinnat
« sacrer le Roi Charles à Reims et voulrent dire
« plusieurs qu'elle avait été arse à Rouen en
« Normandie et parloit le plus de ses paroles par
« paraboles et ne disoit ne fuer ne ans de son
« intention et disoit qu'elle n'avoit point de puis-
« sance devant la Sainct-Jean-Baptiste. Mais
« quand ses frères l'en orent moinnée, elle re-
« vint tantost en les festes de la Penthecoste en
« la ville de Marieuille en chieu Jehan-Quenast
« et se tint là jusques environ trois sepmaines et
« puis partist pour aller en Notre-Dame-de-
« Liance ly iij ; et quans elle volt partir, plu-
« sieurs de Metz l'allont veoir à ladite Marieulle
« et l'y donnont plusieurs juelz et là recognurent
« ils que c'estoit proprement Jehanne la Pucelle
« de France et adoncq ly donnoit Jeoffroy Dex
« un cheval et puis s'en alloit à Arelont, une ville
« qui est en la duchié de Lucembourg. »
« Item quand elle fut à Arelont elle estoit tou-
« siours de costé Madame de Lucembourg et y
« fut grant pièce jusques à tant le fils le comte
« de Warnenbourg l'enmoinoit à Collongue de
« costé son père le comte de Warnenbourg et
« l'aymoit le dit comte très fort et tant que quant
« elle en volt venir il ly fist faire une très belle
« curesse (cuirasse) pour elle armer : et puis s'en
« vint à ladite Arelont et là fut faict le mariage

« de Messire Robert des Harmoises et de ladite
« Jehanne la Pucelle et puis après s'en vint ledit
« sieur des Harmoises avec sa femme la Pucelle
« demeurer en Metz en la maison ledit sire Ro-
« bert qu'il avait devant Saincte Ségoleine et se
« tinrent là jusques tant qu'il leur plaisit. »

Jean prétendit donc reconnaître Jeanne d'Arc
en la femme du sire des Armoises.

Anatole France a écrit à ce sujet : « Les frères
crurent que c'était vrai, parce qu'ils avaient envie que ce le fût. »

Or, rien ne prouve que Pierre ait partagé la
conviction — réelle ou simulée — de son frère.
Il ne l'a pas démenti, mais il semble bien qu'il
se soit assez vite désintéressé de la pseudo Pucelle. Jean était tout seul quand il accepta de
porter des lettres d'elle au Roi Charles VII, puis
aux Orléanais. Il s'était fait son cavalier servant et courait les routes du royaume pour son
service.

Le 5 août, en effet, il se rendit à Orléans. Il
était accompagné du héraut d'armes Cueur de
Litz ou Fleur de Litz, et d'un autre messager.
Il annonça l'existence de sa sœur aux Orléanais,
qui en eurent une grande joie.

L'événement ne paraît pas les avoir beaucoup
surpris ; ils attribuaient à Jeanne une telle puissance surnaturelle qu'ils pensaient bien qu'elle
avait pu échapper à son supplice.

Une aussi plaisante nouvelle valut à Jean force bons traitements de la part des bourgeois d'Orléans, qui lui offrirent, dès son arrivée, dix pintes et chopines de vin, douze poulets, douze pigeons, deux oisons et deux levraults ; sur quoi, le frère de la Pucelle se hâta de galoper vers le Roi afin de lui répéter ce qu'il venait d'annoncer aux Orléanais pour le plus grand bien de sa personne.

Il en toucha de l'argent, et retourna en la cité d'Orléans.

Le 21 août, « Jean du Lys vint en la chambre « de la dicte ville requérir aux procureurs de la « dicte ville qu'ils lui voulsissent aider d'aucun « poy d'argent (un peu d'argent) pour s'en re- « tourner par-devers sa dicte sœur, disans qu'il « venait de devers le Roy et que le Roy lui avait « ordonné cent francs et commandé que on les « lui baillast dont il avait despendu (dépensé) « les XII et ne lui en resteit plus que VIII francs « qui estoit poy de chose pour s'en retourner veu « qu'il estoit soy cinquième à cheval. Et pour « ce lui fut ordonné en la dicte chambre de la « dicte ville par les dicz procureurs que on lui « donnast XII fr. pour ce IX l. 12 sp. » (9 livres, 12 sols parisis)[1].

Comme on le voit, ces voyages qui le menaient auprès de la soi-disant Pucelle lui remplissaient

____

1. Comptes de forteresse de M. Jacques Largentier, receveur des deniers communs de la ville d'Orléans des années 1434 à 1436.

assez bien la bourse. Ils ne réussissaient pas mal non plus à son compagnon Cueur de Litz, qui fit encore deux autres apparitions à Metz, l'une en septembre, l'autre en octobre, ce dont on le paya en beaux réaux d'or. Il faut croire qu'il y avait beaucoup de poussière sur la route ou qu'il n'avait point rencontré d'auberge à sa convenance, car, en arrivant à Orléans, il se plaignit d'avoir très soif, ce qui obligea le corps de ville à le réconforter de vin [1].

Il y eut aussi un autre messager, qui alla à Blois par-devers Guillaume Belier, bailly de Troyes, et qui apporta des lettres de « Jehanne la Pucelle ». Il fallut, celui-là aussi, le faire boire

---

1. « A Pierre Baratin et Jean Bombachelier pour bailler « à Fleur de lilz, hérault d'armes, le Jeudi veille saint « Lorenz IXe jour dudit mois d'aoust pour don à lui fait « pour ce qu'il avait apportées lectres à la ville de par « Jehanne la Pucelle, deux Réaux d'or qui lui ont été baillez « par lesdiz Baratin et Bombachelier à XXIII s. p. pour réal « vallant XIVIII s. p. (48 sols parisis). . . . .
« A Cueur de Lils (héraut ou poursuivant d'armes), le « XVIIIme jour d'octobre 1436, pour ung voyage qu'il a fait « pour ladicte ville pardevers la pucelle, laquelle estait à « Arlon en la duchié de Lucembourc et pour porter les « lectres qu'il apporta de ladicte Jehanne la pucelle à « Loiches par devers le Roy qui la estait auquel voyage il « a vacqué XII jours, c'est assavoir XXXIIII jours ou voyage « de la pucelle et sept jours a aler devers le Roy. Et partit « le dit Cueur de lis pour aler pardevers ladicte pucelle le « mardi, derrnier jour de Juillet retourna le IIme jour de « Septembre ensuivant, sont XXXIIII jours qu'il a demeuré « et vacqué à faire le dit voyage pour tout ce VI l. p. . . .
« A Jaquet Leprestre le dit IIme jour de Septembre pour « paier vin, poures et cernaulx despensez en la chambre de « ladicte ville, a la venue dudict Cueur de Lilz qui apporta « lesdictes lettres de Jehanne la pucelle et pour faire boire « le dit Cueur de Lilz lequel disait avoir grand soif, pour « ce II s. IV d. p. »

copieusement ; ce qui coûta à la Ville deux sous, huit deniers.

Les bons Orléanais, on le voit, entretenaient une correspondance fort suivie avec l'aventurière.

Vers juillet 1439, le bruit courut que Claude des Armoises allait venir à Orléans. La ville s'apprêta pour la recevoir ; dans toutes les familles, on s'entretenait de la prochaine arrivée de la Pucelle ; on la revoyait au siège d'Orléans, sur son cheval noir, dans son armure blanche, avec sa petite hache et son bel étendard. Les enfants préparaient des compliments pour les lui réciter ; les jeunes filles tressaient des fleurs ; le corps de ville faisait dresser des tréteaux et coudre des draperies.

La fausse Pucelle fut à Orléans le 18 juillet, et la ville se mit pour elle en grands frais de vin et de venaison.

A toutes les pages du livre de comptes de Gilles Morchoasne, nous trouvons la preuve de dépenses faites en son honneur pendant le temps qu'elle résida en la cité orléanaise, c'est-à-dire du 18 juillet au 1er août et du 3 à la fin septembre 1439. Le jour de son arrivée, on lui présenta « dix pintes et chopines de vin » ; on lui offrit des viandes ; on organisa des « disners et souppers » ; le jour de son premier départ, le 1er août, on lui donna deux cents livres parisis, par délibération des édiles, « pour le bien qu'elle a fait à ladicte ville pendant le siège ». Le 3 septembre, à son retour, Jehan Pichon lui remit, au nom de la cité, « six pintes et choppines de vin à VIII deniers la pinte ». Enfin les Orléanais se montraient si bien persuadés que la Pucelle leur était revenue en la personne de Claude des Armoises qu'après son passage à Orléans, ils supprimèrent le service religieux qu'ils avaient institué en l'honneur de Jeanne. Et cependant, l'on n'était qu'à dix ans du siège ; Guillaume Boucher, chez qui la guerrière avait logé, vivait encore, ainsi que sa femme et sa fille Charlotte, la compagne de lit de la Pucelle, Aignan de Saint-Mesmin et bien d'autres personnes, Jacquet Leprestre qui, en 1429, avait présenté sept pintes de vin à Jeanne d'Arc, et cinquante-deux pintes en 1430 ; Pierre Baratin, qui avait réglé les frais de guerre de Chauvin et Thomas d'Ivoy, ses compagnons d'armes. Jehan Lhuillier, un marchand drapier qui lui avait fourni, en 1429, « de la fine Brucelle vermeille pour faire une robe et une huque », reconnut formellement Claude des Armoises ; Thévenon Villedart également — et pourtant il avait été l'hôte de Pierre et Jean pendant le siège.

Les bourgeois d'Orléans, qui allaient bientôt déposer au procès de réhabilitation, étaient là, eux aussi ; c'étaient : Jean Hilaire, Gilles de Saint-

Mesmin, Jacques Lesbahy, Guillaume le Charron, Cosme de Commy, Martin de Mauboudet, Jean Volant, Guillaume Postiau, Denys Roger, Jacques de Thou, Jean Carrelier, Jean de Champeaux, Jehan Maçon, Pierre Jongault, Pierre Hic, Jean Aubert, Guillaume Rouillart, Gentianus Cabu, Pierre Vaillant, Jean Coulon, Jean Beauharnays, Robert de Forciaulx, et une dizaine d'ecclésiastiques.

Sans doute l'affirmation de Jean du Lys, qui accompagnait Claude et déclarait qu'elle était bien Jeanne sa sœur, fut la cause initiale de leur erreur : comment, en effet, émettre un doute, quand le propre frère de la Pucelle se montrait convaincu de son existence ?

On pensait généralement qu'on avait substitué à Jeanne une femme coupable, condamnée elle aussi au feu, pour complaire à la duchesse de Bedford et à Jeanne de Luxembourg, qui s'intéressait à la Pucelle et avait demandé au seigneur son époux de ne pas la livrer aux Anglais. Rien ne prouvait que ce fût bien elle qu'on avait montée sur le bûcher où elle avait été menée « le visage embronché ».

Cependant que Jean courait ainsi les routes du royaume et se montrait partout avec Claude des Armoises, Pierre était retourné dans son humble village de Domremy.

De quelle façon fit-il à Isabelle le récit de son

entrevue ? Ce dut être l'un des moments les plus tragiques que vécut la paysanne.

La ressemblance de Claude des Armoises et de Jeannette était frappante, et le temps écoulé depuis la mort de la jeune fille ne permettait plus de remarquer le peu de différence qui existe toujours entre deux êtres, si semblables soient-ils. La femme, de plus, était rusée, habile à duper les gens. Pierre ne devait pas croire qu'elle fût sa sœur, et cependant, au fond de lui-même, un doute subsistait ; il se disait : Si cela était, pourtant ! — Ce serait affreux de ne pas la reconnaître, de la renier, maintenant qu'elle accourait vers les siens en criant que c'était bien elle !

Cette pensée-là les remplissait d'horreur et d'épouvante. Isabelle, le regard rivé sur le visage de son fils, devait le harceler de questions. Il y avait tant de façons d'embarrasser cette femme et de la convaincre de mensonge, si elle n'était point Jeannette ! Lui avait-il demandé le nom de ses parrains et de ses marraines, quels hôtes venaient s'asseoir à leur table de famille aux jours de fête, ou bien, tout simplement, où l'on rangeait les écuelles dans le « poêle » ?

Vétilles que tout cela, après les terribles épreuves traversées ! Jeannette ne se souvenait plus !

Hé bien ! qu'elle dise alors ce qu'il y avait dans la petite chapelle de Bermont, et en quelle maison bien-aimée elle se rendait après y avoir prié ; quelle sainte l'accueillait en sa chère église de

Domremy, et pourquoi elle avait de la joie quand arrivait la fête du Lætare ! Tout cela, quelque tragique qu'eût été sa vie, Jeannette ne pouvait l'avoir oublié.

Et la paysanne s'impatientait. Elle pensait qu'elle eût bien su trouver le moyen de reconnaître si cette femme était sa fille ou une aventurière qui en profanait impudemment la mémoire.

Ce voyage de Pierre n'avait servi qu'à augmenter son trouble, et il devait y avoir en elle une impatience folle de connaître enfin l'étrangère qui se prétendait la Pucelle.

La suppliait-elle depuis longtemps de venir, sans que l'autre osât affronter ce qu'il y avait pour elle de plus redoutable au monde, la mère de Jeanne d'Arc ? — et puis, l'intrigante se décida-t-elle brusquement, sur un dernier appel de la paysanne, à risquer les dangers de cette entrevue ? — Nous l'ignorons. Nous savons seulement que divers auteurs assurent que les deux femmes se rencontrèrent ; ce ne fut pas à Orléans, comme certains l'ont prétendu, puisqu'Isabelle n'arriva en cette ville que plusieurs mois après que Claude des Armoises en était repartie. Peut-être l'entrevue eut-elle lieu à Domremy, dans la vieille maison familiale que l'aventurière dut reconnaître avec de fausses larmes d'attendrissement.

Plusieurs chroniqueurs affirment qu'Isabelle retrouva sa fille en Claude des Armoises. Nous n'y attachons que peu de foi, mais, si le fait est exact, le moment où les deux femmes furent en présence l'une de l'autre dut être singulièrement émouvant. Claude, apparemment, se jeta dans les bras de la paysanne, l'étreignit, lui couvrit le visage de baisers, pleura d'émotion sur son épaule, l'embrassa de nouveau en lui mettant sa coiffe tout de travers sur la tête ; puis, comme elle n'était pas sans avoir fait parler les deux garçons, elle s'en alla par la chaumière, en reconnut tous les coins, tous les meubles, pleura de nouveau devant le lit du Doyen et de son fils Jacquemin, s'attendrit au souvenir de Catherine et revint se jeter dans les bras d'Isabeau, qu'elle appelait sa bonne mère en lui répétant sa joie de la revoir.

De quel air Isabeau reçut-elle toutes ses démonstrations d'amitié ? N'eut-elle pas un instinctif mouvement de recul quand l'étrangère écrasa ses lèvres sur la peau ridée de ses joues ? On l'imagine lui fouillant le visage de son œil dur, l'embarrassant de ses questions précises et la regardant d'un air si méfiant que l'autre finissait par en être intimidée. On peut bien abuser une foule, mais une mère ! Le récit incroyable du péril évité ne lui suffit plus : elle se souvient, elle, de petits faits insignifiants et précis qui déjouent toutes les ruses. Isabelle n'avait qu'à dire, par exemple : « Où rangiez-vous la vaisselle, le soir, après souper ? Quelle était votre légende préférée ? Où vous mettiez-vous à genoux pour réciter votre prière, avant de vous coucher, et, quand vous étiez toute petite et que je vous habillais, quel vêtement portiez-vous sous votre robe pour sortir dans le brouillard froid du matin ? » — Elle pouvait lui demander toutes ces choses et bien d'autres encore. Si rouée qu'elle fût, la fausse Pucelle dut finir par se troubler ; la moindre hésitation avouait son mensonge.

Mais, d'autre part, comment démentir formellement cette fille, après que tous les gens d'Orléans, les princes qui avaient guerroyé à côté de Jeannette et son fils Jean lui-même venaient de déclarer qu'ils la reconnaissaient ? — Isabeau, sans être convaincue elle-même, ne contredit point son fils. Un dernier doute, une espérance enfouie tout au fond d'elle-même, lui faisait se dire, comme se l'était dit Pierre : Si tout de même c'était Elle ! — Jeannette s'en était allée de Domremy à l'âge de seize ans ; Isabelle avait donc conservé le souvenir d'une enfant ; elle retrouvait maintenant une femme ; la différence d'âge pouvait expliquer ce qui déconcertait l'image qu'elle avait gardée de sa fille. Et puis, il y avait si longtemps qu'elle l'avait perdue... Quelle que soit la ferveur des regrets, la mémoire s'use... Les plus chers visages se déforment en la pensée de ceux qui les pleurent, surtout quand les traits n'en ont pas été fixés en une image qui en perpétue le souvenir.

Isabeau écoutait donc de toute son âme la voix

de cette femme en cherchant à y reconnaître les intonations de la jeune fille, mais là encore, son oreille la trahissait. Si la vraie Jeannette eût parlé tout à coup, elle eût poussé un grand cri en disant : « C'est elle » ! Alors toute la différence qu'il y avait entre les deux voix lui fût apparue ; mais, ne l'entendant point, elle hésitait, abusée par son ouïe infidèle.

Il y avait des moments où, déconcertée par certains gestes, par certaines paroles de la rusée aventurière, elle en venait à se demander si, tout de même, cette Claude n'était pas Jeannette.

Il semble qu'Isabeau ait passé plusieurs années de sa vie en cette singulière incertitude.

Cependant qu'elle se demandait ainsi si sa fille n'était plus que cendre jetée à la Seine, ou si elle pouvait encore la serrer dans ses bras en la personne de cette femme pleine de vie et de santé qui venait de lui apparaître, Pierre la pressait de quitter Domremy. Il était ruiné ; elle-même n'avait plus de terre autour de sa maison : à quoi leur servait-il de rester là ?

Le jeune homme se souvenait de l'accueil enthousiaste que les Orléanais avaient fait à son frère, en mémoire de la Pucelle, et se disait que les bonnes gens de cette ville ne manqueraient pas de l'aider à remonter une ferme, à se refaire une situation honorable qui lui permettrait de pourvoir aux besoins des siens.

Pour décider la paysanne à s'arracher de son

village, il lui rappelait combien Jeannette aimait Orléans.

Avant de s'en éloigner pour entreprendre le voyage de Reims, elle s'était pourvue par bail à long terme[1], sous la caution du fameux héraut du siège, Guienne, d'un hôtel sis rue des Petits-Souliers, sur la paroisse de Saint-Maclou, tout près du chevet de Sainte-Catherine. Sa mission accomplie, rapidement et sans heurts — c'était là sa croyance au lendemain du siège d'Orléans —, elle se proposait de retourner y vivre et y mourir, tant elle avait été touchée de l'accueil de ses habitants.

Ceci décida Isabelle à se mettre en route ; elle se dit qu'elle allait remplacer sa fille en cette ville, et ainsi réaliser le plus cher désir de la Pucelle.

1. Le bail fut résilié dès 1432, un an environ après la mort de Jeanne.

CHAPITRE XII

ET PIERRE GUIDA ISABELLE JUSQU'A ORLÉANS, CAR IL AVAIT DÉJA FAIT LE CHEMIN AVEC JEANNETTE

Jean[1], retenu loin de Domremy par sa charge de bailli de Vermandois et capitaine de Chartres, consentit à ce que sa fille Marguerite fût la compagne de sa grand'mère. Mangin de Vouthon, laboureur, et frère d'Isabelle, ainsi que sa femme Guillemette, résolurent d'accompagner la paysanne en ce long voyage qui allait l'exiler à jamais de sa Lorraine.

Il lui fallut dire adieu à tout ce qui avait été sa vie jusqu'à ce jour. Elle contempla pour la dernière fois ces bons visages paysans qu'elle ne devait plus revoir, pleura en fermant la porte de sa maison, puis alla s'agenouiller sur la tombe

---

1. Jean s'était marié avec sa nièce, la fille de son frère aîné Jacquemin ; il en eut un fils, Jean du Lys, dit le Picard.

Il devint prévôt de Vaucouleurs.

de Jacques d'Arc, de Jacquemin et de Catherine, et leur demanda pardon de les abandonner ; peut-être qu'alors le cœur lui défaillit, et qu'elle les envia d'être partis les premiers. Elle avait tout près de soixante ans ; pourquoi lui fallait-il, à son âge, accomplir un si long voyage ? Certes, autrefois, la route ne l'effrayait point ; il lui plaisait même assez de s'y aventurer, au risque de rencontrer quelque bande pillarde, et les pèlerinages les plus fameux avaient vu ses deux genoux gravir leurs calvaires ; mais elle était jeune alors, et surtout le chagrin ne l'avait pas usée ; puis elle ne s'en allait pas sans espoir de retour ! — Maintenant, elle approchait de la vieillesse ; l'une de ses filles était morte de maladie ; on ne savait si Jeannette vivait encore ou si le feu l'avait consumée ; son bon époux, ainsi que son fils aîné, avaient quitté ce monde... Pierre était resté plusieurs années en prison... Il se trouvait ruiné, et elle-même avait vendu tout son bien pour payer sa rançon... Sans doute eût-elle voulu être couchée là, sous la pierre, à côté des siens.

Mais il ne plaisait point au Seigneur Dieu qu'il en fût ainsi. Elle se releva ; cent trente-huit lieues de route la séparaient d'Orléans.

Le village l'escorta jusqu'aux dernières maisons ; les matrones l'entouraient ; elles avaient été là pour la naissance de ses enfants, pour leurs mariages, et pour leur agonie ; maintenant elles accompagnaient le départ d'Isabelle — un départ

qui était comme une mort, puisque plus jamais
la paysanne ne reviendrait. Les coiffes l'embrassaient ; son front se cognait à leurs bords de toile
raide ; on eût voulu la charger de présents, de
pâtisseries, de volailles ; mais n'aurait-elle pas
déjà assez d'embarras à faire véhiculer son vieux
corps par le chariot que son fils Jean devait avoir
mis à sa disposition — car elle-même était trop
pauvre maintenant pour en posséder un qui l'eût
portée comme autrefois —, sans encore l'encom-
brer de nouveaux bagages ? Et d'ailleurs, le
voyage serait si long que tout ce qu'on lui eût
donné fût arrivé gâté.

Elle s'en alla donc avec sa petite-fille Marguerite, son frère Mangin le laboureur, Guillemette
sa belle-sœur [1], et Pierre accompagné de sa femme
et de son fils Jean. Pierre les guidait, car il avait
déjà fait le chemin. Sans doute suivirent-ils la
route que Jeannette avait prise pour aller à Chinon, et Isabelle, tout au long du voyage, devait
interroger son fils sur ces vieux souvenirs. Que
disait Jeannette quand elle s'en allait à la rencontre des Anglais ? Avait-elle de mauvais pré-
sages ? Ses saintes lui étaient-elles apparues pour
l'encourager ?

Isabelle était au bout de ses forces quand arrivait le soir d'une longue étape, car souvent le
chariot s'embourbait, et elle devait faire plusieurs

---

1. Mangin et Guillemette vinrent peut-être seulement rejoindre Isabelle à Orléans.

lieues à pied. Il semblait, ces jours-là, que tout son être s'était ossifié ; son échine ne voulait plus se redresser ; ses jambes refusaient de se ployer, même pour le repos ; Isabelle ne pouvait pas non plus les étendre dans le lit quand venait l'heure du coucher, et la paysanne, que la fatigue tenait éveillée, passait la plus grande partie de ses nuits à attendre l'aube qui la remettait debout sur une route où il lui fallait de nouveau se faire secouer par le véhicule ; le soleil de juin incendiait la campagne, et elle l'avait sur la tête aux heures les plus chaudes du jour ; son vieux dos courbé recevait les pluies des orages ; sa coiffe molle se rabattait sur son visage mouillé, ses laines lui séchaient sur la peau, et des frissons la secouaient au bras qui la soutenait. Les bois qu'elle traversait n'offraient à sa lassitude que des troncs mouillés et des mousses humides.

Quelquefois, la crainte d'une bande pillarde les talonnait. Il fallait courir, se cacher, et l'on risquait de s'égarer dans les forêts, où les loups affamés attaquent l'homme. Le soir, à l'auberge, Isabelle claquait des dents ; on lui mettait des briques sous les pieds, on lui bassinait son lit. Mais les hôtesses ne sont pas toujours aimables, surtout quand on a une mine de gueux, et, pour tout bagage, de misérables habits tout déteints par les pluies du ciel et écorchés par les ronces des sentiers.

Souvent aussi, il n'y avait même point d'auberge sur la route. Pierre du Lys s'était trompé dans ses calculs, ou bien l'hôtellerie avait brûlé depuis qu'il était passé, ou bien encore on avait marché trop lentement, et la nuit était arrivée avant que l'on eût atteint l'étape. Il fallait se diriger vers une lumière incertaine, frapper à la première chaumière que l'on rencontrait ; quelquefois les gens offraient une botte de paille dans leur étable ; quelquefois aussi, ils refermaient leur porte.

De jour en jour, Isabelle pesait plus lourdement sur le bras de ses compagnons. Elle se demandait si elle verrait jamais Orléans ; parfois elle était si lasse des cahots de la voiture qu'elle avait envie de supplier ses enfants de la laisser là, mourir sur la route, comme une bête. Comme une bête, oui : car elle n'aurait pas de prêtre pour recevoir sa confession ! Cette pensée l'effrayait ; elle se redressait ; elle poussait son vieux corps en avant.

Le 7 juillet 1440, les premiers ouvrages fortifiés d'Orléans lui apparurent enfin ; ils montaient peu à peu dans le ciel, et des tours, des redents, des demi-lunes se démasquaient, se jetaient au-devant d'elle. Alors, la vieille femme trembla au bras qui la soutenait, et la mémoire de son fils s'échauffa : là, devant la ville, Jeannette avait dit à Dunois, venu à sa rencontre : « Je vous amène « le meilleur secours qui ait jamais été envoyé « à qui que ce soit, le secours du Roi des Cieux. « Il ne vient pas de moi, mais de Dieu même

« qui, à la requête de saint Louis et de saint
« Charlemagne, a eu pitié de la ville d'Orléans
« et n'a pas voulu souffrir que les ennemis eussent
« tout ensemble le corps du duc et sa ville... »
— Elle eût voulu qu'on attaquât sur-le-champ
les bastilles des Anglais ; elle avait envoyé faire
une sommation à celles du nord, et elle-même
s'était rendue devant les bastilles du midi. Le capitaine Glasdale l'avait accablée d'injures, traitée
de vachère et de ribaude ; les Anglais avaient
gardé son héraut d'armes et pensaient le brûler ;
mais elle ne craignait rien pour lui ; elle en avait
même envoyé un autre, en disant : « Va dire à
« Talbot que, s'il arme, je m'armerai aussi... s'il
« peut me prendre, qu'il me fasse brûler. »
Elle était entrée dans la ville à huit heures du
soir.

Et eux-mêmes y entraient maintenant ; alors
Pierre conta l'enthousiasme des habitants d'Orléans ; la Pucelle et ses hommes d'armes marchaient lentement, car la foule ne permettait pas
d'avancer. Les gens la regardaient comme s'ils
voyaient Dieu lui-même ; tout en parlant doucement au peuple, elle était allée jusqu'à l'église,
puis à la maison du trésorier du duc d'Orléans,
dont la femme et les filles l'avaient reçue. Elle
avait couché avec Charlotte, l'une d'elles.

Isabelle, exténuée, s'accrochait aux paroles de
Pierre. La cité avec ses tours, ses échauguettes,
ses demi-lunes, tournait autour d'elle ; ses oreilles

sifflaient et, en même temps, elle était saisie d'un grand étonnement, car il lui semblait que toute la ville accourait à sa rencontre.

Les Orléanais se pressaient, en effet, vers la Lorraine, car ils avaient reconnu le frère de la Pucelle dans l'homme qui l'aidait à marcher, et Isabelle ouvrait grands ses yeux pour voir tous ces gens qui parlaient de Jeannette avec vénération et voulaient soutenir ses pas trébuchants. Ils tendaient les bras vers elle... Mais tout vacillait autour de la voyageuse ; le bariolage des étoffes l'éblouissait ; les démonstrations d'amour de la foule n'étaient plus pour elle qu'une confusion de cris à quoi elle ne comprenait rien. Elle était toute prête à se pâmer ; il fallut la porter dans son lit. Alors, quand il se sentit entre deux draps, c'est-à-dire arrivé au terme de son voyage, son vieux corps, qui venait de faire bravement ses cent trente huit lieues, s'abandonna enfin, et la tête solide qui l'avait conduit sans pitié ni merci roula sur l'oreiller et perdit connaissance.

Elle fut « très fort malade », dit la chronique.

Dès que les procureurs en furent avisés, ils commirent Henriet Anquetil et Guillaume Boucher au soin « de garder et gouverner la mère de Jeanne la Pucelle » pendant sa maladie. Ceux-ci placèrent auprès d'elle la chambrière de feu messire Bertrand, physicien, une personne très habile à soigner les malades.

Le long voyage avait épuisé Isabelle ; l'on crut bien qu'elle ne s'en remettrait pas.

Sa petite-fille Marguerite du Lys et la chambrière se relayaient à son chevet pour lui donner des drogues qu'elles allaient chercher chez l'apothicaire Geoffroy Drion. Marguerite avait à peu près l'âge de Jeannette lors de son départ pour la guerre ; Isabelle, dans son délire, dut croire que c'était sa fille qui la soignait, la soulevait sur ses oreillers, lui changeait ses bonnets, lui donnait à boire ses drogues et parfois lui disait tout bas, de sa gentille voix d'enfant : « Vous sentez-vous mieux, bonne mère ? »

Elle fut malade pendant près de deux mois, et l'on pensait que son vieux corps usé par le chagrin ne surmonterait pas la trop grande fatigue qui venait de lui être imposée ; mais il lui restait un dernier devoir à remplir sur la terre avant de la quitter, un dernier échelon à gravir à la rude échelle de son martyre.

Un jour, le 30 août 1440, la paysanne se redressa, reconnut sa petite-fille Marguerite et s'étonna de l'étrangère assise à son chevet. Sa vieille main ridée qui tremblait avait retrouvé la force de monter jusqu'à son front pour tracer un signe de croix.

Elle était sauvée. La nouvelle courut aussitôt Orléans.

***

Alors le corps de ville assembla le peuple ; on vit le crieur public s'essouffler dans les rues ; la boue des ruisseaux lui sautait aux chausses ; à tous les carrefours il s'arrêtait et il criait son annonce. En l'entendant, les marchands fermaient leurs boutiques, les hommes d'Église sortaient de leurs pieuses méditations, les artisans abandonnaient la truelle et le rabot, les bourgeois demandaient à leur épouse une robe propre, et tous s'en allaient à la maison de ville où, sur la proposition des édiles, ils décidèrent qu'une somme de quarante-huit sols parisis serait allouée par mois à « Isabeau, mère de feu Jeanne la Pucelle, pour lui aider à vivre et à quérir ses nécessités en ladite ville ». — C'était là lui donner le traitement annuel du « procureur en nom des deniers communs ».

Isabelle continua de résider dans l'hôtel d'Henriet Anquetil, aux frais de la ville, jusqu'à la fin du mois d'octobre.

Dès qu'elle fut assez forte pour marcher dans Orléans, elle voulut visiter les lieux où sa fille avait vécu. Soutenue par son fils et sa petite-fille, elle se dirigea du côté de Sainte-Croix, pour y prier aux pieds de Notre-Dame-la-Blanche ; alors les gens qui se trouvaient sur son passage se mirent à la suivre ; et leur nombre, d'instant en instant, grossissait ; les femmes qui la voyaient pas-

ser, de leur maison, abandonnaient les quenouilles ; celles qui allaitaient venaient avec un enfant au sein ; les marchands s'arrêtaient d'auner
leur drap ou de peser leur suif pour se joindre
à ceux qui l'escortaient ; et les clients qu'ils
n'avaient pas servis ne songeaient pas à s'en plaindre, car eux-mêmes marchaient derrière Isabelle.
Personne ne se souvenait plus des rendez-vous
donnés, ni des affaires pour lesquelles on s'était
mis en route ; les servantes elles-mêmes se montraient sérieuses et recueillies. Chacun pensait à
part soi : « Si Jeanne n'était pas venue à notre
secours, que fût-il advenu de nous ? » et suivait
dévotieusement la mère de la Pucelle.

Quand elle se fut relevée de sa prière à Notre-
Dame-la-Blanche, elle entra dans la chapelle de
Saint-Paul afin d'y vénérer la statue de Notre-
Dame-des-Miracles ; sans doute lui demanda-
t-elle quelque prodige qui prouvât que Jeannette
n'avait point été brûlée et que Claude des Armoises ne mentait pas. Elle avait les mains
jointes, et son visage marquait une telle douleur
que les gens sentaient les larmes leur venir aux
yeux. Ils se la montraient les uns aux autres
avec des paroles de compassion.

Puis elle monta au fort des Tournelles ; on la
vit en gravir péniblement la pente ; à chaque pas,
elle s'arrêtait. Pierre lui contait les prouesses de
Jeannette. Le fort avait été restauré depuis lors ;
il lui montrait les pans de mur abattus par les

boulets et cherchait dans la pierre la trace des flèches. Elle marcha sur la place où s'élevaient les bastilles des Augustins et de Saint-Laurent, que la bataille avait rasées. Jeannette avait fait le tour de la ville ; les hommes, les femmes, les enfants la suivaient ; elle les avait ramenés derrière elle à Sainte-Croix pour l'heure des vêpres. Elle pleurait aux offices, et tout le monde pleurait avec elle ; le peuple était hors de lui. Peu de temps après, quand le combat avait été engagé, la Pucelle, voyant que les assaillants commençaient de faiblir, se jeta dans le fossé, prit une échelle qu'elle appliquait au mur au moment où un trait vint la frapper entre le cou et l'épaule. Les Anglais sortirent pour la prendre, mais les siens l'emportèrent.

Alors, éloignée du combat, étendue sur l'herbe et désarmée, elle avait vu sa blessure et elle avait pleuré ; mais ses larmes, bientôt, avaient cessé de couler ; ses saintes lui étaient apparues pour la consoler. Elle avait éloigné les gens d'armes qui prétendaient charmer la blessure en prononçant de certaines paroles ; elle ne voulait pas guérir, disait-elle, contre la volonté de Dieu ; elle avait seulement laissé mettre de l'huile sur la plaie, et elle s'était confessée ; bientôt elle avait pu reprendre part au combat.

En écoutant parler son fils, Isabelle entendait le sabot du cheval de Jeanne frapper la pierre sonore de la place où elle marchait ; elle voyait flotter au vent sa bannière lumineuse ; et Pierre disait les chevaliers renversés de leurs montures, les lances passant au travers des corps ; à chacune de ses paroles, Isabelle se courbait davantage. Puis on avait vu sa forme cassée apparaître entre les créneaux du fort ; le vent soufflait dans sa coiffe et agitait son voile ; elle regardait la ville ; et Pierre parlait toujours. Quelquefois une voix partait de la foule, montait vers eux ; les hommes se souvenaient de la Pucelle ; les femmes avaient touché son cheval, baisé le bas de sa robe ; elles montraient des adolescents qui n'étaient alors que de tout jeunes enfants, à qui Jeannette avait souri.

Puis Isabelle passa par la Porte Renard, se rendit à l'hôtel du trésorier ducal, Jacques Boucher. Il était là avec sa fille Charlotte, qui attendait la Lorraine pour lui faire les honneurs de la maison. Jeannette y avait logé, et avait laissé, en souvenir d'elle, à Charlotte, sa compagne de lit, son beau chapeau de feutre gris à grands bords relevés devant et derrière par des fleurs de lis ; c'était le chapeau qu'elle portait en dehors des combats. Isabelle « le vit et le toucha en pleurant ». Elle le retournait entre ses mains tremblantes, en examinait la coiffe de toile bleue, qui s'était serrée autour de la tête de son enfant.

Si le chanoine de Sainte-Croix, Jean de Mascon, vivait encore, elle dut l'aller voir. Il était le seul habitant d'Orléans à qui Jeannette avait rendu visite.

LIVRE IV

ISABELLE TRIOMPHANTE

mi

en
Jea
d'(

cou
ten
flar
vo¡
ara
Cla
flar
ma

CHAPITRE XIII

POURQUOI LES GRANDES TENTURES DE FÊTE COUVRAIENT LES MAISONS D'ORLÉANS

Bientôt, en 1441, elle assista à une fête qui la mit dans un grand trouble.

Depuis l'année 1432, chaque 8 mai, on portait en trophée triomphal les vêtements d'apparat que Jeanne avait légués, avec son chapeau, à ses amis d'Orléans.

La ville, comme au jour du sacre, s'était encourtinée en l'honneur de la Pucelle. De grandes tentures de fête couvraient les maisons ; elles flamboyaient — et cependant, la Lorraine ne voyait en elles que des draperies funèbres. Isabeau avait enfin acquis la certitude de l'imposture de Claude des Armoises, et, malgré toute sa méfiance et son incrédulité, cela lui avait fait grand mal [1].

1. En l'an 1440, le Parlement et l'Université avaient fait

Le peuple était en liesse ; la houle des chaperons et des voiles ondulait dans les rues au-dessous d'Isabelle penchée à la fenêtre, et quand les visages venaient à se lever et à l'apercevoir, il en sortait de longues clameurs qui réclamaient la béatification de Jeanne[1]. Alors, plus blanche qu'un marbre, elle songeait aux huées qui avaient salué l'agonie de la Pucelle, cependant qu'attachée à son poteau, la jeune fille brûlait comme une torche.

Puis le cortège s'était avancé. Pierre du Lys y figurait accompagné de son fils Jean ; devant lui marchait un appariteur portant un flambeau

venir à Paris « une femme suivant les gens de guerre, que « plusieurs croyaient être Jeanne la Pucelle et pour cette « cause, à Orléans, avait esté très honorablement reçue, la- « quelle femme fust montrée au Palais sur la pierre de « marbre en la grande Cour, et là fust preschée et toute sa « vie et tout son estat et recongnu qu'elle n'estait pas Pu- « celle et qu'elle avait esté mariée ». — *Journal pour la Vie de Charles VII.* — Manuscrit de la Bibliothèque du Chapitre d'Orléans.

Un autre auteur du temps nous apprend qu'elle fut amenée au Roi, qui lui dit : « Pucelle, ma mie, vous soyez la très « bien venue au nom de Dieu, qui sçait le secret qui est « entre vous et moi ».

« Alors, miraculeusement, après avoir ouï ce seul mot, se « mit à genoux devant le Roi cette fausse Pucelle en lui « criant mercy et sur-le-champ confessa toute sa trahison, « dont aucuns furent justifiéz très asprement ». — *Recherches de Pasquier.*

Alors, « séparée de son mari, concubine d'un prêtre, ayant « porté la main sur une personne sacrée, elle disparut, « après avoir été en Italie sous le prétexte d'obtenir l'abso- « lution du Pape, ayant en dernier lieu servi sous les ordres « de Gilles de Rais en Poitou ». — *Valet (de Viriville)*

1. « Beaucoup l'adoraient comme sainte et lui réservaient « un culte privé même avant sa mort. Le cardinal d'Estou- « teville accordait déjà 100 jours d'indulgence à ceux qui « suivaient la procession du 8 Mai 1452 ». — *Le culte de Jeanne d'Arc au XVe siècle.* Pierre Lanéry d'Arc.

allumé et orné des armes de la Pucelle. Tout le corps de ville suivait, en hermine et en belles robes de cérémonie ; puis venaient les bourgeois, les artisans, les femmes ; mais Isabelle ne les avait pas vus. Elle ne regardait que les habits de Jeanne, surmontés du beau chapeau à fleurs de lis. Ils cheminaient très haut, par-dessus les têtes ; on en avait habillé un portemanteau qu'un homme tenait au bout d'une longue tige, et ils se balançaient doucement à son pas.

Isabelle y retrouvait la forme du corps de sa fille ; elle fixait du regard la place où le torse avait gonflé l'étoffe, la courbe du dos, l'ampleur des hanches ; et l'on eût dit que la tête coiffait le chapeau que l'on avait mis au-dessus.

Alors, cependant qu'éclataient les applaudissements et les cris d'amour de la foule qui saluait l'image de la petite guerrière, la mère, elle, revoyait l'enfant de Domremy, dans sa pauvre robe villageoise. La Pucelle appartenait aux Orléanais, mais Jeannette était tout entière à Isabeau. Jamais les hommes ne sauraient ce qu'elle savait, elle, ce qu'elle pleurait quand elle pleurait sa fille. Ils n'avaient devant les yeux que la belle Lorraine en armure blanche qui brandissait son étendard, et celle-là ne vivait pas dans le cœur d'Isabelle ; celle qui l'emplissait de son souvenir n'avait pas remporté de victoires, pas entretenu des princes et des évêques et fait des prophéties merveilleuses. Mais, au matin, elle se levait dans sa petite chemise d'enfant ; on entendait la chair tendre de ses pieds se poser sur les dalles, elle avait les yeux tout bouffis de sommeil, et elle les frottait pour se réveiller ; son corps s'étirait paresseusement, et ses bras nus passaient sous le voile d'Isabelle pour le premier baiser du jour. Grandie, elle aidait sa mère dans tous les travaux de la maison ; elle s'asseyait à côté d'elle, s'appliquait à sa couture en parlant des parents et des gens qui passaient devant la porte.

Quand le cortège eut défilé et que le peuple se fut assemblé à la cathédrale, Isabeau se joignit à lui. Alors on la vit assister à la messe. Elle écouta pieusement le panégyrique du prédicateur, frère Jehan de Saint-Pol, jacobin.

Elle s'accoutuma très vite à ce bon peuple d'Orléans, qui aimait à la saluer et à l'entourer quand elle marchait dans les rues. Des portes, les femmes lui souriaient et lui montraient leurs enfants ; les jeunes filles s'approchaient d'elle, et, si elle était chargée de quelque sac trop lourd, le lui prenaient des mains ; souvent elles l'accompagnaient jusqu'en sa maison. Isabelle les regardait en pensant que Jeannette aurait eu leur âge ; cependant qu'elle passait, escortée de leur jeunesse, la vieille femme voyait tous les chaperons des hommes se courber sur son passage ; elle en-

tendait leur salut, et se disait que, si elle s'en fût
allée dans une autre ville, et qu'on l'y eût re-
connue, les gens peut-être lui cracheraient à la
figure en lui criant qu'elle était la mère d'une
sorcière. Orléans seul vénérait la Pucelle comme
une libératrice ; pour la plupart des autres cités,
elle avait été brûlée par l'Église à cause de ses
péchés ; le poteau infâme qui la disait hérétique,
relapse et idolâtre était toujours debout ; on ne
voyait plus que lui du bûcher ; il était entré dans
le cœur de la mère comme un pieu dans une
plaie vive ; il en infectait les chairs, et le mal s'en-
venimait de jour en jour, au lieu de se guérir.

Le Roi n'avait pas protesté contre la condamnation de celle qui lui avait rendu son royaume,
et les années passaient. Le temps consacrait l'infamie de Jeannette.

Et cependant beaucoup de personnes la regardaient comme une sainte, en dépit du jugement
prononcé contre elle ; dès l'année 1431, elles
avaient réclamé sa béatification. Parmi ces gens,
les Orléanais se montraient les plus fervents. Isabelle put voir chez eux des médailles de plomb
où, dès l'année 1430, l'on avait marqué la figure
de la petite guerrière. La paysanne se réconfortait
à la bonne tiédeur de leur foyer. Le souvenir de
Jeannette y était pieusement entretenu, et on la
vénérait, elle qui était sa mère, on l'entourait de
soins, de prévenances ; tous ils disaient : « Que
serions-nous devenus, sans la Pucelle ? » — Et

la vue de leurs biens, qu'ils avaient failli perdre, leur rendait plus chère sa mémoire et grandissait leur amour. Sa condamnation infamante les tourmentait ; au lieu de jouir paisiblement des richesses que Jeanne leur avait permis de conserver, ils se fatiguaient la tête à lire du latin à son intention. Les notables de la ville étudiaient les pièces du procès ; déjà ils y relevaient de grossières erreurs et s'indignaient de la façon arbitraire dont le jugement avait été rendu. Ils en oubliaient leurs propres intérêts, et les plus graves jurisconsultes de la ville passaient des nuits de veille sur le vélin des manuscrits. Ils tenaient Isabelle au courant de leurs travaux ; elle les écoutait avec une grande attention. La sentence infamante rendue contre son enfant la torturait.

Tout d'abord elle avait été écrasée sous le poids de ce jugement prononcé par l'Église ; puis elle s'était ressaisie. Maintenant la mère se redressait : la foi en sa fille parlait plus haut que tout ce qu'elle était habituée à révérer depuis ses premiers ans. Elle se disait : « Non, Jeannette n'est pas une relapse, une sorcière et une hérétique ! » — Elle eût voulu crier au monde tout entier combien la Pucelle, au contraire, était pieuse, charitable et douce. Quelle voix emprunter pour cela ? Comment se faire entendre ?

Elle le demandait à ces bons Orléanais qu'elle voyait si attachés à la mémoire de sa fille ; ils restaient graves et pensifs. La pensée d'un procès en réhabilitation mûrissait en eux ; mais ils ne se dissimulaient point les difficultés de l'entreprise ; ils les détaillaient longuement ; leurs propos étaient pleins de termes juridiques qu'Isabelle ne comprenait pas ; il fallait les lui expliquer. Il la fatiguait beaucoup d'apprendre tant de choses nouvelles, à son âge ; sa tête malaxait des phrases bizarres qui disaient, par exemple, en faisant allusion à la récusation par Jeanne d'un de ses juges, l'évêque de Beauvais :

« S'il y a deux délégués avec clause quod si
« non omnes et que l'un des deux soit récusé
« comme suspect, celui qui est accepté en vertu
« du canon si contra unum doit avant tout con-
« naître les raisons de la récusation. Ce qui peut
« encore être prouvé par le canon super ab-
« batia. »

Alors elle pensait que Jacques d'Arc eût aisément compris tout cela, lui qui était si savant et d'esprit si délié !

Cependant, à Orléans, Pierre du Lys, auquel Charles VII avait donné une petite pension et l'autorisation de s'appeler chevalier du Lys en raison des fleurs de lis des armes de Jeanne, avait à peine « de quoi vivre et avoir la vie de sa femme et de ses enfants »[1].

1. Acte de Juillet 1443.

Ses bras avaient hâte de trouver du travail ; et
que pouvaient-ils faire, sinon labourer et ense-
mencer des champs, puisque, depuis l'enfance, le
fils du Doyen voyait cultiver la terre et aidait aux
soins qu'on lui rendait, en pensant qu'un jour il
lui faudrait gouverner la ferme de son père ?
Aussi s'était-il mis en quête d'un terrain qui
transformerait la sueur de sa peine en beaux épis
lourds.

Le 29 juillet 1443, il reçut du duc Charles
d'Orléans, « en faveur et contemplation de
Jehanne la Pucelle, sa sœur », la jouissance gra-
tuite, à titre héréditaire, de l'Ile aux Bœufs, « assise sur la rivière de Loire, près la Salle, au droit
de Chécy » [1].

Mais il souhaitait un vrai domaine où il pût
s'établir avec tous les siens ; la ville ne lui convenait pas ; Isabelle, de son côté, s'y ennuyait ;
elle ne s'accoutumait point à la résonance de ses
ruelles, et s'irritait d'avoir toujours la vue bouchée par quelque mur de forteresse ; elle étouffait
dans son enceinte fortifiée, et trouvait bien triste
de ne plus voir au-dessus de sa tête que des morceaux de nuages tout déchiquetés par les pignons

1. Cette île n'existe plus. Elle fut enclavée dans le domaine
du château de l'Isle bâti par le huguenot Pierre Groslot.
Dans sa supplique au duc, Pierre expose que « en la com-
« pagnie de Jehanne la Pucelle, sa sœur, avecque laquelle,
« jusques à son *absentement* et *depuis* jusques à présente, il
« a exposé son corps et ses biens au dit service et au fait des
« guerres du Roy ».
Pierre, en 1443, ne croyait donc pas encore à la mort de
Jeannette ; pour lui, elle était encore « absente ».

aigus des maisons, au lieu du beau ciel de sa Lorraine ; elle éprouvait des malaises qui lui échauffaient la face et lui faisaient se porter les mains aux pommettes pour se les rafraîchir.

Pierre explorait donc le Val de la Loire dans l'espoir d'y découvrir une ferme ; on lui signala bientôt la métairie de Bagneaux, qui comprenait de cent soixante-dix à cent quatre-vingts arpents de terres labourables, baignées, aux grandes crues, par les eaux limoneuses du fleuve ; il pensa que c'était là ce qu'il lui fallait. Le chapitre de Sainte-Croix, à qui appartenait le domaine, se prêta volontiers à son désir, et Pierre, par bail emphythéotique en date du 30 janvier 1442, entra en jouissance après la récolte, à la Toussaint de l'année 1443. Il alla s'y installer avec sa mère, sa femme Jehanne Baudot, son fils Jean et Marguerite sa nièce.

Alors, de nouveau, Isabelle se retrouva dans une grande maison campagnarde, avec un beau feu flambant dans l'âtre et des souffles d'animaux derrière les murailles ; là aussi la cheminée était énorme et l'on eût pu y faire rôtir un bœuf. Mais ce n'était plus Jeannette qui mettait le couvert de la longue tablée familiale ; Jacquemin ne s'en revenait pas des champs avec son père, Catherine ne cousait plus ses robes, et le soir, à l'heure où Isabelle entrait dans son lit, Jacques d'Arc n'était pas là pour parler avec elle des choses de leur temps. Quand elle poussait la porte du seuil afin de se rendre à la paroisse de Saint-Aignan-de-Sandillon, ou chez Jean Bourson de Chécy qui avait été compagnon d'armes de Jeanne, elle trouvait un paysage nouveau à la place du paysage familier ; là où elle était accoutumée d'apercevoir la colline qui portait le Bois-Chenu, elle ne voyait plus maintenant qu'une sorte de golfe terrestre formé par le cours sinueux de la Loire. Le vent y soufflait comme il souffle au bord de la mer, violent et âpre, sur une terre nue, et ses yeux cherchaient en vain une verdure où se reposer; ses paupières se plissaient à l'éclat du ciel. Elle pensait aux bords feuillus de la Meuse, et s'étonnait de ne plus apercevoir que des ajoncs et des plantes maigres.

Puis son regard se portait au loin. A l'orient, elle reconnaissait Jargeau, où Jeannette avait été blessée au moment de s'en emparer ; au nord, le manoir de Reuilly, où elle avait séjourné avant d'entrer à Orléans ; à l'occident, Saint-Loup, dont la prise avait été son premier fait d'armes. Plus loin, il y avait les Tourelles, qu'elle avait forcées pour faire lever le siège.

Pierre n'avait pas tardé à acquérir deux domaines voisins de l'Ile aux Bœufs, le Luminart et le Mont, petits fiefs adossés à la turcie de la Loire, sur la paroisse de Saint-Denis-en-Val. Il abandonna la jouissance du dernier en faveur de Marguerite, sa nièce, quand elle se maria.

Le frère d'Isabelle, Mangin de Vouthon, et sa

femme Guillemette, s'étaient fixés entre le Mont et le Luminart, près de la Noë de l'Allemand, pour y cultiver les maigres terres d'une métairie achetée à un cordonnier d'Orléans, Denis Janvier.

Isabelle voyait la vie reprendre autour d'elle. Elle se retrouvait dans sa bru qui, du matin au soir, s'occupait à la maison, soignait les bêtes, pétrissait le pain ou raccommodait les hardes ; elle-même n'était plus guère capable que de filer le lin ; elle aimait qu'on la laissât seule avec son rouet, dans la cuisine silencieuse ; elle y pensait mieux à ses morts.

Les autres, certes, en chérissaient et en vénéraient la mémoire ; mais l'avenir les empêchait de songer au passé. Pierre du Lys avait de grandes préoccupations, de lourdes charges ; il voulait se reconstituer du bien pour le léguer un jour à ses enfants ; assis autour de la table familiale, les fermiers parlaient des défunts, mais plus souvent encore s'inquiétaient des moissons, du prix des graines, des marchés et du temps. Ils s'accoutumaient au pays, en prenaient les habitudes ; leurs enfants y feraient souche. Isabelle se sentait un peu comme une étrangère au milieu d'eux. Sa grande ombre sévère, bientôt, troublerait leurs fêtes.

Et déjà il s'en préparait.

Pour qui venait Antoine de Brunet, sinon pour sa petite-fille Marguerite ?

Il lui arrivait de regarder les jeunes gens d'un œil fixe, empreint d'une grande tristesse ; elle pensait à Jeannette, car sa fille n'avait point vieilli dans sa mémoire ; Isabelle savait bien que ce serait maintenant une femme en âge d'avoir de grands enfants, mais, néanmoins, l'imaginait toujours avec ses dix-sept ans. Il aurait pu venir ainsi pour elle un charmant homme chargé de présents, et Isabelle aurait vu son visage s'illuminer de la joie des fiancées.

Marguerite avait beaucoup d'attentions pour sa grand'mère ; l'hiver, quand le vent soufflait sous les portes, elle faisait sans doute chauffer des briques qu'elle lui mettait aux pieds ; quand la paysanne voulait coudre, elle devait lui enfiler son aiguille ; ou bien elle remplissait d'eau le godet d'étain où la vieille femme mouillait ses doigts, préparait sa quenouille de laine, et quand Isabelle manifestait le désir de sortir, lui prêtait son bras juvénile ; alors la paysanne pensait que sa petite Jeannette, si douce et si respectueuse, lui eût rendu tous ces soins.

En dépit du long voyage, des parents de Domremy venaient la visiter ; on voyait alors combien le pays de Lorraine était demeuré cher au cœur de l'exilée. Elle, si froide et si réservée d'ordinaire, se montrait toute joyeuse d'avoir des nouvelles des gens de son village.

Ce fut ainsi qu'elle revit Henri Perrinet, petit-fils de Jean de Vouthon, couvreur et fils de Perrinet, charpentier à Sermaize. Il faisait son tour de France comme compagnon et passa à Orléans, qui était l'une des villes où tout compagnon du devoir devait s'arrêter.

Il revint bientôt chez sa grand'tante Isabelle avec Jean de Perthes, un cousin, sur la demande de Pierre du Lys qui, lors de son passage à Sermaize, l'avait prié de l'aider de ses conseils pour la restauration d'un logis récemment acheté.

Thomas Senlis, de Sermaize, lui aussi, vint « pour ses affaires », et descendit chez un compatriote, Collesson Coutant, cordonnier près des Halles, qui « le mena veoir dame Isabelot, demeurant lors au dit Orléans, qu'il disait être mère de Jehanne la Pucelle ».

Isabelle habitait Orléans, à l'hôtel de la rue des Africains [1]. Thomas rencontra « messire « Pierre du Lys, fils de dame Isabelot et frère « de Jehanne la Pucelle », qui lui dit « qu'il ve- « nait d'un village nommé les Isles-les-Orléans, « et que pareillement il allait veoir la dite Isa- « belot ».

Ils se présentèrent tous trois « devers dame Isabelot ». Coutant la salua et lui présenta Thomas,

1. Isabelle crut utile de venir, en 1452, à Orléans, résider dans l'hôtel que son fils Pierre occupait rue des Africains.
C'est le 8 mai 1452 que Pierre du Lys prenait à bail pour cinquante ans, de l'abbaye de Sainte-Euverte, dont l'abbé était Adam de Trettainville, une maison délabrée, sise « au coin du château Gaillard » (rue des Africains), moyennant trente-deux sols parisis de loyer ; mais comme il devait la restaurer, il ne devait payer les trente-deux sols qu'en 1458.

un voisin « de ses parents et linagers de Ser-
« maize ». — « Dame Isabelot reçut de bon et
« joyeux courage » Thomas, « l'embrassa de ses
« bras en lui demandant comment se portaient
« ses cousins et cousines, s'ils étaient tous en bon
« point ; à laquelle Senlis répondit qu'ils étaient
« tous en bon point, dont elle et messire Pierre,
« son fils, furent fort joyeux ». Puis « en l'hôtel
« fut à Senlis et à Coutant fait par Isabelot et
« son fils une très grande, singulière et amyable
« chière ».

Souvent Pierre chargeait les visiteurs de rapporter du vin d'Orléans à ses parents de Domremy pour les remercier de l'accueil qu'il en recevait quand il retournait au pays.

CHAPITRE XIV

OU ISABELLE ADRESSE UNE SUPPLIQUE QUI DOIT
LAVER JEANNETTE DE L'INFAMIE DE SON SUPPLICE

Ce fut vers ce temps-là que Marguerite se maria ; mais le bruit de la noce se mêla, dans la tête d'Isabelle, à tant de préoccupations graves qu'elle fut presque sans l'entendre.

De jour en jour grandissait en elle son désir de réhabiliter sa fille. Cependant elle s'effrayait de s'adresser à des juges, de remettre debout tout l'appareil de la justice. Une pensée l'épouvantait : son intervention n'allait-elle pas aboutir à une seconde condamnation de la Pucelle ? — Car enfin, sait-on jamais, même quand on est sûr de soi, de quel côté tourne un procès ? — Mais elle eut honte bientôt de ses dernières hésitations, et se jura de ne point mourir avant d'avoir fait rendre une éclatante justice à la petite martyre.

Alors, elle fut l'âme du procès.

Conseillée par des hommes réputés pour leur sagesse et leur science, qui prétendaient l'accusation fausse, la procédure entachée de nullité, la sentence injuste, elle engagea le long procès de réhabilitation qui devait laver Jeannette de l'infamie de son supplice, et permettre d'en faire un jour la sainte nationale de la France.

Ce fut sans doute sur sa demande que le Roi, le 5 février 1450, chargea l'un de ses conseillers clercs, Guillaume Bouillé, doyen de Noyon, de faire une enquête sur la procédure du procès.

Elle eut lieu à Rouen. Guillaume Bouillé en rédigea un mémoire au nom du Roi.

Deux ans passèrent. Isabeau avait foi : sa petite Jeannette était innocente ! Il faudrait bien qu'un jour on le reconnût ! En attendant, sa mère se sentait vieillir. Alors, elle était dans une grande impatience. Elle eût voulu agir, supplier les gens du Roi de se hâter, parce qu'elle approchait de la tombe, mais entre elle et eux il y avait d'insurmontables barrières. Ses prières, ses protestations ne pouvaient leur parvenir que rédigées en phrases solennelles, défigurées par la forme qui leur était imposée et en suivant des voies hiérarchiques qui retardaient toutes choses. Les notables d'Orléans qui assistaient Isabeau les écrivaient pour elle, et la paysanne n'avait qu'à tracer une croix au bas de ces pages, où elle eût voulu crier sa confiance en sa fille et dont elle ne comprenait même pas les signes qui les couvraient. Elle signait ainsi des pièces dont on lui expliquait l'utilité... Puis elle attendait des réponses qui ne venaient pas toujours.

Quand elles arrivaient, c'était pour l'ahurir de termes barbares qui faisaient travailler toutes les têtes de la ferme.

La vieille femme demandait alors qu'on la conduisît à la ville ; elle montrait son papier aux hommes graves qui l'aidaient de leurs conseils et lui en traduisaient le contenu. Elle revenait à Sandillon, rassérénée, ou déçue, au contraire, ayant appris que de nouvelles difficultés surgissaient.

Enfin, en 1452, les informations furent reprises, au nom du Roi, par le cardinal d'Estouteville, légat du Pape Nicolas V. Elles devenaient ainsi semi-canoniques. Pendant ce temps, des délégués étaient institués pour enquêter à Domremy.

Le légat, se rendant à Bourges pour communiquer ses informations à Charles VII, passa à Orléans ; certainement il y vit Isabelle ; il ne put que l'encourager à se tenir prête à adresser une supplique.

Cependant le Pape n'osait se mettre entre la France et l'Angleterre. Puis, le 29 mai 1453, Constantinople fut prise par les Turcs. Il tarda à répondre.

Là-bas, à la ferme de Sandillon, les affaires de Pierre prospéraient.

Le 8 mai 1452, il avait pris à bail, pour cinquante ans, de l'abbaye de Sainte-Euverte, une maison délabrée sise à Orléans, « au coin du château Gaillard », rue des Africains, moyennant trente-deux sols parisis de loyer. C'était un pied-à-terre qu'il se ménageait pour ses affaires, et qui allait permettre à sa mère de suivre les débats du procès engagé.

Elle revint donc s'installer à Orléans, où elle se mit à la disposition des clercs qui devaient coopérer aux informations de la Commission Apostolique. Cette Commission, depuis le rappel du légat à Rome, avait à sa tête le Grand Inquisiteur Jehan Bréhal, dominicain, qui, jusque-là, avait assisté le cardinal d'Estouteville et Guillaume Bouillé. Son premier soin fut de faire intervenir comme demandeurs les plus proches parents de feue la Pucelle [1].

Une supplique fut rédigée au nom d'Isabelle, de Jean, de Pierre et d'un certain nombre de leurs proches. Cette pièce, libellée « par des gens de bien qui avaient étudié le procès à fond », Maugier et Prévosteau, canonistes parisiens choisis, l'un comme avocat, l'autre comme procureur, partit d'Orléans dans les premiers mois de 1454. Portée à Rouen par Jehan Bréhal, elle fut remise au Pape Nicolas V par le cardinal d'Estouteville.

Nicolas V étant mort le 24 mars 1455, son suc-

---

1. Il semble que, depuis 1450, on ait été complètement édifié sur l'imposture des diverses fausses Pucelles. Dans les actes, Jeanne est désignée à nouveau comme « feue la Pucelle ».

cesseur Calixte III, couronné le 20 avril, publia
le 11 juin un rescrit par lequel, déférant à la requête des suppliants, il nommait une Commission
d'enquête composée de Juvénal des Ursins, archevêque de Reims, Guillaume Chartier, évêque
de Paris et Richard de Longueil, évêque de Coutances, Dès qu'il fut parvenu en France, Isabelle
reçut une copie du rescrit, avec ordre de se présenter à Paris, accompagnée de ses deux fils, et de
se rendre devant le tribunal au commencement de
novembre 1455.

Les Orléanais exultaient. Les notables se con-
certèrent pour accompagner Isabelle et la défrayer
de la dépense du voyage. Il fallut faire ses préparatifs de départ. La maison de la vieille paysanne
fut pleine de monde ; on ouvrit ses placards ; on
dépendit ses robes ; toutes les femmes d'Orléans
voulaient l'aider ; elles souhaitaient qu'Isabeau fût
très belle quand elle entrerait à Notre-Dame ; et
on lui mignotait des coiffes, on lui ajustait des
habits. On se préparait à faire la route avec elle ;
à la joie de la servir se mêlait celle d'aller à Paris ;
beaucoup d'Orléanaises ne le connaissaient pas.
La ville était révolutionnée par ce prochain départ. Les tailleurs d'habits ne savaient plus où
donner de la tête ; leurs ciseaux n'arrêtaient plus
de couper de l'écarlate, du camocas et du velours ;

tous les bourgeois s'étaient commandé des robes neuves, toutes les femmes prétendaient être les mieux vêtues. Les maisons étaient bouleversées ; les servantes, du matin au soir, tuyautaient des rabats et repassaient du linge ; on descendait des greniers des « bouges » dont on ne s'était point servi depuis plusieurs générations, et qui surprenaient par leur air caduc et démodé.

Et il arrivait aussi des gens de Domremy qui voulaient faire le voyage.

Pendant ce temps, Pierre du Lys donnait ses dernières instructions aux femmes chargées de gouverner la ferme, en son absence.

Isabelle se montrait fort impatiente de partir ; elle était vieille ; elle avait soixante-sept ans ; elle se sentait malade ; elle se disait qu'elle ne verrait pas la fin du procès, n'assisterait point au triomphe de Jeanne. La peur de ne pas vivre assez longtemps la hantait : il fallait faire vite ! Mon Dieu, que la justice allait donc lentement, avec tout son cérémonial, toutes ses formalités ! Ne voyait-on pas qu'elle était à bout de forces, qu'elle n'avait pas le temps d'attendre ? Elle souffrait de toutes les incommodités d'un grand âge accablé par la maladie ; elle s'était tout à fait courbée ; son échine l'obligeait de regarder le sol ; elle ne marchait plus qu'avec beaucoup de peine ; il fallait la soutenir pour qu'elle pût aller de son fauteuil à son lit ; tout son corps lui faisait mal, et il lui arrivait de gémir la nuit, en dormant. Cependant la pensée du procès la soutenait ; sans elle, peut-être Isabeau eût-elle glissé vers cet autre monde où elle avait tant des siens ; mais elle se disait qu'il lui fallait sortir de ses draps, marcher, agir, conserver ses idées en ordre dans la tête, afin que le tribunal la trouvât debout quand il aurait besoin d'elle. La volonté empêcha le corps de se paralyser ; elle lui défendit de s'abandonner, et d'entendre les plaintes de ses vieux membres las.

On la hissa dans des chariots ; pour en descendre, les bras des hommes soutenaient sa charpente osseuse, qu'elle avait habillée d'une robe de grand deuil. Aux auberges, on la voyait toute blanche, et les femmes, craignant qu'elle ne défaillît, lui faisaient respirer des sels aromatiques. Elle grelottait, et on l'asseyait auprès du feu. Il fallait la pousser pour qu'elle montât dans le lit de l'auberge. Le lendemain, les Orléanaises l'habillaient ; elle chancelait entre leurs mains habiles ; cependant elle disait : « Partons, mettons-nous en route ! » car elle avait toujours sa même hâte d'arriver. On la portait presque jusqu'à la voiture, et quand les chevaux démarraient, elle retenait un cri de souffrance.

Puis ce fut Paris. De loin, ils aperçurent ses innombrables clochers et la confusion de ses toits. Les femmes tournaient la tête de tous côtés ; les hommes se haussaient sur leurs étriers. Ceux qui ne l'avaient jamais vu étaient saisis d'une grande impatience de le connaître ; déjà ils en surprenaient la rumeur gigantesque ; Isabelle se souvenait que Jeannette avait échoué devant cette ville, et regardait les Parisiens d'un air méfiant.

Elle avait maintenant le corps tout secoué par les gros pavés, et le fracas des roues, le bruit des fers sonnant sur la chaussée empêchaient les Orléanais de s'entendre quand ils parlaient.

Sans doute les voyageurs logèrent-ils dans une hôtellerie proche de Notre-Dame-de-Paris, et Isabelle se mit au lit ; les femmes d'Orléans, les voisines de Domremy se relayaient à son chevet, cependant que les autres s'en allaient admirer les beautés de la grande ville.

CHAPITRE XV

COMMENT ISABELLE RÉCLAMAIT JUSTICE
SOUS LES HAUTES VOUTES DE NOTRE-DAME-DE-PARIS

Elle-même n'en vit pas grand'chose, et ne put que se faire porter à Notre-Dame, qui l'écrasa de sa grandeur, car elle était plus vaste que la basilique du Puy et que tous les lieux saints où Isabelle avait prié jusqu'à ce jour.

Ce fut là qu'elle s'avança péniblement au matin du 7 novembre 1455, escortée des hommes de science et de haute vertu qui, depuis plusieurs années, l'aidaient de leurs conseils. Elle était en grand deuil, et ses deux fils [1] la soutenaient. Elle tremblait entre leurs bras. Elle avait derrière elle tout un cortège d'ecclésiastiques et de laïques, parmi lesquels on remarquait un groupe d'habi-

1. Certains auteurs contestent la présence de Jean à la séance de Notre-Dame. Il aurait, affirment-ils, rejoint sa mère quelques jours après, venant directement de Domremy.

tants d'Orléans, et les « honnêtes femmes » qui avaient pris soin d'elle pendant le voyage.

Tout d'abord elle ne vit rien d'autre qu'une ombre épaisse où des chandelles jaunâtres rayonnaient devant des visages graves, coiffés de hauts bonnets. Il y avait là le Grand Inquisiteur de France, Jehan Bréhal, l'archevêque de Reims et l'évêque de Paris. Ils occupaient leurs sièges à l'entrée de la cathédrale, dans la grande nef ; de très doctes personnages les entouraient.

Alors, en apercevant toutes ces faces sévères qui la regardaient s'en venir sans un geste, sans une parole, la paysanne s'arrêta de marcher ; mais ses deux fils la poussaient doucement en avant.

Tenant à la main le rescrit du Pape, elle s'approcha humblement des prélats, ploya ses vieux genoux raides, et il fallut la soutenir jusqu'à ce qu'elle se fût prosternée sur les dalles, avec sa pauvre échine cassée qui pointait sous le voile de son dos ; toutes ses idées se brouillaient dans sa tête... Elle se souvenait confusément que son avocat lui avait recommandé d'émouvoir les prélats ; alors cette femme dont le chagrin, toujours, s'était tu, se prit à dire tout ce qu'elle avait souffert ; et des sanglots entre-coupaient ses paroles ; elle suppliait qu'on rendît son honneur à la mémoire de Jeanne. Les voûtes grandissaient ses plaintes et se renvoyaient les unes aux autres ses soupirs ; elle voulait parler très fort, et cependant on entendait à peine sa voix paysanne, qui se perdait dans l'ampleur de la nef habituée à l'organe sonore des prédicateurs. Les juges l'avaient fait se relever, et elle disait, la voix entrecoupée de sanglots :

« Jeanne était ma fille, issue d'un légitime ma-
« riage ; elle a reçu les sacrements de Baptême,
« d'Eucharistie, de Confirmation ; je l'avais éle-
« vée dans la crainte de Dieu et dans les tradi-
« tions de l'Église, suivant son âge et suivant son
« état, qui la faisait vivre dans les prés et dans
« les champs. Elle fréquentait l'église, et se con-
« fessait et communiait tous les mois environ, et
« jeûnait aux jours prescrits, offrant ses jeûnes
« et ses ferventes prières aux intentions des im-
« menses besoins du peuple, pour qui elle com-
« patissait de tout son cœur. Elle n'a jamais rien
« fait ni médité contre la foi ; cependant ses en-
« nemis, au mépris du prince sous lequel elle vi-
« vait, lui ont fait un procès illégitime en matière
« de foi. Ils n'ont eu égard ni à ses récusations,
« ni à ses appellations tacites ou exposées ; ils lui
« ont imputé mensongèrement et faussement un
« grand nombre de crimes, à la perte de leur
« âme. Ils ont cruellement réduit son corps en
« cendres dans la flamme d'un bûcher, au milieu
« d'une multitude en larmes. Ils lui ont enfin
« infligé, ainsi qu'à moi, sa mère, et à toute sa
« famille, avec un irréparable dommage, une
« tache d'infamie. Aujourd'hui que Notre Saint-
« Père le Pape, défenseur de la vérité et soutien

« des opprimés, a bien voulu m'accorder des
« juges, je viens faire éclater ici une plainte trop
« longtemps contenue : je viens réclamer jus-
« tice » [1].

Se prosternant de nouveau, elle renouvela ses
« profonds soupirs et ses lamentables gémisse-
ments ».

La foule avait éclaté en sanglots. Elle criait :
« Rendez-lui justice ! Rendez-lui justice ! »

Les yeux d'Isabelle pleuraient toutes les larmes
amassées pendant de longues années ; sa poitrine
creuse laissait échapper tous les cris retenus ; ses
mains osseuses tendaient le rescrit ; sa bouche
tremblait. Et, de leurs sièges hauts, Ils la contemplaient, écrasée sur le sol, sans que leurs visages
coiffés de mitres, où les reflets des chandelles mettaient d'immobiles lumières, sortissent de leur im-
passibilité. Les femmes qui étaient là joignaient
leurs pleurs à ceux d'Isabelle ; la foule massée
derrière elles criait grâce pour la Pucelle.

Puis ses fils la tirèrent doucement, la relevèrent,
et l'on vit couler sur son visage, à la lueur des
cires, des larmes qui roulaient en elles de petites
flammes jaunes. Isabelle paraissait plus vieille encore avec sa bouche douloureuse et ses pommettes
luisantes. Courbée sous son échine qui lui mettait
le menton en avant, elle écouta la voix qui, en

1. Procès de réhabilitation. — Traduction de J.-E. Choussy.

son nom, lisait sa requête ; aux derniers mots, elle retomba à genoux, ne cessant de tendre aux juges l'acte pontifical dont elle était dépositaire, se traînant sur les dalles du sol avec son dos courbé et sa tête basse, leur disant qu'elle était vieille, les suppliant de procéder sans retard à l'examen de la cause que le mandat du Saint-Siège leur confiait, et de déclarer la nullité d'une sentence qui avait infligé à la Pucelle et à sa famille un irréparable dommage et une tache d'infamie.

Il y avait là, parmi les gens dont elle était accompagnée, des hommes doctes et savants, tant séculiers que religieux, qui avaient étudié le procès. Ils criaient aux commissaires apostoliques qu'ils en avaient examiné toutes les parties, et affirmaient la sagesse de Jeanne, le bon sens de ses réponses ; ils s'indignaient des iniquités commises à Rouen ; ils parlaient tous ensemble ; l'écho des grandes voûtes multipliait leurs paroles, en faisait un tonnerre qui roulait dans la nef ; et, de la rue, on entendait la cathédrale gronder. Alors on entrait, attiré par le bruit ; et la foule se pressait autour des juges ; on regardait Isabelle, et on la plaignait ; on se montrait sa pauvre silhouette cassée ; on criait que Jeanne devait être enfin réhabilitée ; la confusion devenait incroyable ; il n'était plus possible de délibérer. Les commissaires apostoliques se retirèrent à l'écart, dans la sacristie, d'où ils appelèrent la suppliante et son conseil. Ils lui adressèrent quelques paroles de consolation, puis l'interrogèrent assez longuement sur elle-même et sur sa fille.

Toute secouée par ses souvenirs, Isabelle parla de l'enfant douce et tendre ; elle évoqua leur vie heureuse de Domremy. Puis elle vit les trois prélats, l'un après l'autre, prendre connaissance du rescrit ; sur quoi ils ordonnèrent la lecture publique de cet acte, qui les constituait juges de par la volonté du Saint-Siège. Quand ils l'eurent entendue, l'archevêque de Reims se leva ; il déclara, en son nom et au nom de Jehan Bréhal et de l'évêque de Paris, qu'ils acceptaient le mandat, et ils firent tous trois la promesse solennelle de se conformer aux ordres de Rome et d'instruire la cause en toute justice. Alors ils voulurent donner un gage de leur impartialité et de la rectitude de leurs intentions. Ils ne dissimulèrent pas à la plaignante les difficultés et les périls de son entreprise ; ils la prévinrent de la longueur de la discussion — et elle savait que la tombe l'attendait ! Ils lui montrèrent tous les docteurs de l'Église penchés sur les pièces du procès, sans cesse arrêtés par des difficultés nouvelles ; et la vieille femme, de nouveau, gémit en elle-même à se dire qu'elle n'en verrait pas la fin. Puis, penchés vers elle, et le bonnet agité par le mouvement de leurs lèvres, ils lui représentèrent toutes les éventualités de la discussion ; « la nécessité de ne consulter « que des hommes d'une science éprouvée, inca-

« pables surtout de se laisser entraîner par un zèle
« indiscret, d'autant plus qu'il s'agissait d'annu-
« ler une sentence prononcée depuis longtemps
« en matière de foi par des juges dont la gravité,
« la doctrine et le caractère lui conféraient une
« présomption de droit et la ressemblance de la
« vérité ».

Elle tremblait en les entendant ; son pauvre visage de vieille femme faisait une grimace de douleur, et ses yeux rougis par les larmes clignotaient.
Dans le trouble de sa pensée, elle ne savait plus
que balbutier d'incompréhensibles paroles. Mais
ceux qui l'assistaient élevèrent la voix ; ils répon-
daient qu'ils ne voulaient dire ou faire quoi que
ce fût au préjudice de la foi, de la vérité et de la
justice, mais qu'ils se portaient garants de l'inno-
cence de Jeanne quant aux crimes dont elle était
accusée, et qu'ils démontreraient par les actes eux-
mêmes, et par tous autres documents de droit,
l'iniquité et la nullité de la procédure ; confiants
dans la bonté de leur cause, ils étaient prêts à
comparaître devant un tribunal et à requérir un
jugement solennel. Alors Isabelle joignit sa voix
à la leur.

En conséquence, assignation fut donnée aux
demandeurs de se présenter, le 17 novembre, à la
salle des audiences de l'évêché de Paris, afin d'y
accomplir la formalité de la remise des lettres
apostoliques devant les notaires et les magistrats
convoqués à cet effet, et de voir introduire l'af-

faire si, après mûre réflexion, les parents de la
Pucelle persistaient dans leur dessein.

Cette longue séance avait épuisé la pauvre Isabelle ; ses coudes maigres s'enfonçaient dans le
bras de ses deux fils qui la soutenaient ; ils s'ef-
forçaient de la réconforter de paroles rassurantes,
ainsi que les honnêtes femmes d'Orléans qui l'entouraient. Mais elle hochait la tête d'un air accablé ; elle pensait qu'il allait lui falloir attendre
encore plus d'une longue semaine avant qu'arrivât
cette seconde séance solennelle. Comme le cérémonial d'une procédure était donc compliqué ! Et
elle priait pour demander à Dieu de la laisser
vivre encore un peu de temps.

On lui vit alors le corps entêté à se mouvoir, à
se traîner. On la trouvait toute cassée dans ses
prières, perdue dans une contemplation du ciel
qui la rendait sourde au bruit du monde ; et pour
qu'elle se relevât, il lui fallait s'agripper à une
main qui la tirait, car sa vieille échine courbe répugnait à reprendre une position verticale.

Elle était plus blanche et plus vacillante encore
que la première fois quand elle parut à l'évêché.

La grande salle se trouvait bondée d'ecclésiastiques et de gens du peuple ; la presse était incroyable ; on attendait impatiemment Isabelle ;

on se contait ses malheurs, son grand âge, sa maladie.

De hautes fenêtres laissaient pénétrer un jour blafard que la pénombre absorbait avant qu'il eût pu se répandre. Les robes noires des clercs épaississaient les ténèbres au fond desquelles les chandelles avaient des lueurs funéraires. Et les habits magnifiques des princes de l'Église, en leurs plis rigides, paraissaient taillés dans du marbre.

Ployés sur leurs tables, les greffiers piquaient du bonnet dans leurs paperasses.

Les queues des longues robes s'enroulaient aux pieds des juges.

Au-dessus d'eux, un grand Christ livide étendait ses bras douloureux. Et partout, mêlant au halo des chandelles des faisceaux rougeoyants, des hallebardes se dressaient vers les hautes voûtes sombres.

Isabelle eut peine à se frayer un passage. Elle était accompagnée de son fils Pierre, de plusieurs notables bourgeois de Paris et de la délégation d'Orléans. L'un des avocats les plus réputés du temps, maître Pierre Maugier, lui prêtait assistance ; bien connu pour ses sentiments dévoués au corps universitaire, dont il était d'ailleurs l'un des membres les plus distingués, il avait été choisi dans la pensée que sa présence au procès calmerait les appréhensions de ceux de ses collègues encore vivants qui avaient participé à l'œuvre néfaste de Cauchon.

Enfin Jean Juvénal des Ursins, Guillaume Chartier et Jehan Bréhal prirent leur place au milieu de l'assemblée ; autour d'eux se rangèrent les abbés de Saint-Denis, de Saint-Germain-des-Prés et de Saint-Magloire, l'abbé de Saint-Lô du diocèse de Coutances, l'abbé de Saint-Crespin du diocèse de Soissons, l'abbé de Cormeilles du diocèse de Lisieux, et plusieurs docteurs et personnages de marque, parmi lesquels on comptait maître Guillaume Bouillé. Les greffiers présents le 7 novembre à la séance de Notre-Dame, maîtres Denis Le Comte et François Ferrebouc, tous deux gradués en droit canon, se tenaient à leur table, afin de noter les incidents de l'audience et de dresser les actes nécessaires [1].

Le tumulte, un instant, s'apaisa ; la curiosité tournait toutes les têtes du même côté. Puis un avocat se leva : c'était celui de la demanderesse, maître Pierre Maugier. De nouveau, le rescrit du Pape apparut. Pierre Maugier le déposa respectueusement entre les mains des délégués apostoliques.

Tous l'avaient déjà longuement examiné ; ils l'examinèrent encore. On le voyait tourner entre leurs doigts ; ils en inspectaient gravement les cachets et les signatures. Quand ils l'eurent reconnu authentique, la lecture de son contenu fut faite à haute et intelligible voix par maître de

---

1. Jean Bréhal, Grand Inquisiteur de France, et la réhabilitation de Jeanne d'Arc, par le R. P. M.-J. Belon, des Fr. Prêcheurs et le R. P. Balme — 1893.

Cruisy, greffier de la Cour épiscopale de Paris, prêtre du diocèse d'Auxerre. Alors les notaires constatèrent que l'on avait bien respecté les formalités qui doivent accompagner l'acceptation de cette pièce fondamentale.

Maître Pierre Maugier voulut prononcer un discours en français sur le fond de l'affaire. Les commissaires s'y opposèrent tout d'abord : cette plaidoirie leur semblait hors de propos, puisque le procès n'était pas ouvert et que la partie adverse n'était pas citée. Et l'on voyait des mines longues, des regards inquiets à certains docteurs en Sorbonne qui se trouvaient là ; leur bonnet se secouait en signe de protestation. Mais la foule se mit à crier pour qu'on laissât parler l'avocat ; elle était venue autant pour assister à un spectacle qui la divertît de ses occupations habituelles que pour témoigner de son attachement à la Pucelle. Elle avait envie d'entendre discourir cet homme réputé ; elle criait donc aux juges de le laisser parler. Ils finirent par y consentir, mais à la condition que l'avocat serait bref.

Pierre Maugier protesta aussitôt qu'il ne songeait pas à mettre en cause les consulteurs, qui avaient été trompés par une communication infidèle des pièces, et qu'il accusait uniquement les trois auteurs principaux de la condamnation, c'est-à-dire les deux juges et le promoteur ; à mesure qu'il parlait, on voyait se détendre les visages inquiets des docteurs en Sorbonne.

Cet avocat était un homme habile qui, en dis-
sipant les craintes de certains coupables, écartait
toute velléité d'opposition de leur part.

Puis il exposa les conclusions qu'il développe-
rait devant la partie adverse, et sollicita les délégués du Saint-Siège de procéder à la citation et
à une prompte expédition de la cause. Il parla
avec beaucoup d'éloquence ; on voyait les deux
manches de sa robe s'agiter devant le tribunal
impassible, et la foule ondulait derrière lui, in-
terrompait son discours par des cris d'appro-
bation.

Quand il eut fini, l'archevêque de Reims et
l'évêque de Paris déclarèrent le tribunal définiti-
vement constitué par l'adjonction du « révérend
« professeur de sacrée théologie et religieux maî-
« tre Jehan Bréhal, de l'Ordre des Frères Prê-
« cheurs, l'un des deux Inquisiteurs de la per-
« versité hérétique au royaume de France »,
présent à tous les actes déjà accomplis et désigné
par eux nominativement pour être, au même titre
qu'eux, dépositaire de l'autorité apostolique, conformément à la clause qui le concernait dans le
rescrit de Calixte III. Puis ils délibérèrent.

La chaleur était insupportable ; l'air, gâté
par les exhalaisons de tous ces corps pressés les
uns contre les autres, affadi par la cire chaude qui
fondait aux cierges, devenait irrespirable. Le visage des juges luisait derrière les chandelles. Isabelle Romée était si jaune en ses vêtements de

deuil, avec des yeux si creux dans l'ombre de son voile, qu'elle effrayait. Les bonnes femmes d'Orléans se penchant vers elle lui demandaient si elle ne se sentait pas mal.

Quand les juges eurent délibéré, ils déclarèrent que les parties seraient citées à Rouen, où l'instruction du procès aurait lieu. En conséquence, l'assignation à comparaître du 12 au 20 décembre fut rédigée, et envoyée aux personnes intéressées dans la cause ou à leurs représentants. L'évêque de Beauvais, le promoteur et le vice-inquisiteur furent invités à comparaître devant le tribunal, ainsi que le prescrivaient les lettres apostoliques[1].

1. Jean Bréhal, Grand Inquisiteur de France, et la réhabilitation de Jeanne d'Arc, par le R. P. M.-J. Belon, des Fr. Prêcheurs, et le R. P. Balme — 1893.

CHAPITRE XVI

OU ISABELLE, AYANT ACCOMPLI SA TACHE ICI-BAS,
VA RETROUVER SES CHERS DISPARUS

Le grand air frais de la ville ranima un peu
Isabelle, au sortir de l'évêché qui dégorgeait son
peuple ; mais elle éprouvait une grande peine à
marcher ; elle dut s'appuyer à l'échelle patibulaire de l'évêque, qu'on trouvait dressée sur le
parvis ; et il était bien évident qu'elle n'aurait
pas la force d'aller à Rouen pour le procès. Ses
fils, d'autre part, étaient rappelés chez eux ; l'un
avait sa prévôté, l'autre sa ferme, qui souffrait de
son absence. Il leur fut permis de ne point se
déplacer, et ils ne tardèrent pas à instituer leurs
procureurs par acte public en date des 18 et
24 novembre.

Le retour à Orléans fut bien pénible. Maintenant, la pauvre Isabelle sentait tous les cailloux de la route ! Elle ressassait dans sa tête les divers incidents du procès ; elle revoyait les trois prélats dressés dans la grande nef, les greffiers assis devant leur table, la salle de l'évêché pleine de peuple, et se demandait combien de temps il lui faudrait attendre encore avant de connaître la décision des juges. Toujours elle avait sa même angoisse de mourir trop tôt.

A son arrivée, elle fut très malade ; elle ne vivait plus que pour apprendre des nouvelles de Rouen ; elle en avait de temps à autre. Elle sut ainsi que tous ceux qui avaient été assignés avaient fait défaut... Le 15 décembre, son procureur, maître Guillaume Prévosteau, conseiller à l'échiquier de Rouen, déposa des conclusions à l'effet d'obtenir une déclaration de contumace contre les non-comparants ; là-dessus maître Pierre Maugier avait longuement plaidé en français ; les juges, toutefois, n'avaient pas consenti à leur requête, maintenant la règle juridique d'une troisième citation, qui serait péremptoire, selon le terme consacré. Ils ajournèrent les défaillants pour le 20 décembre, dernier délai accordé. Puis, prenant acte de ce qu'il n'avait été fait aucune opposition au rescrit de Calixte III, ils affirmèrent leur compétence et procédèrent à la désignation définitive du promoteur de la cause et des deux notaires greffiers ; les fonctions du ministère public furent dévolues à maître Simon Chapitault, licencié en droit canon.

Isabelle, clouée dans son lit, trouvait les journées interminables. Puis elle apprit qu'il avait été ordonné de procéder à une nouvelle enquête, à Vaucouleurs et à Domremy. Elle ferma les yeux ; elle pensait à son village, imaginait les enquêteurs entrant chez les uns et les autres, se représentait les maisons, entendait les voix ; son esprit était plein d'une sorte de brouillard où flottait toute chose ; les visages même s'effaçaient dans sa pensée. Isabeau se disait que tous les gens qu'elle avait connus étaient maintenant bien vieux, aussi vieux qu'elle, aussi tremblants. Mon Dieu ! il leur fallait se hâter de dire tout ce qu'ils savaient ! Et elle joignait les mains, en priant pour ces vieillards.

Les interrogations commencèrent le 28 janvier. Elles furent menées par maître Reginald de Chichery, doyen de Notre-Dame-de-Vaucouleurs, et par maître Wautrin Thierry, chanoine de la cathédrale de Toul. Des lettres de commission avaient été rédigées à cet effet et confiées aux soins de Jean d'Arc, prévôt séculier de Vaucouleurs, qui les remit à leurs destinataires en y joignant un questionnaire de douze articles dont ils devaient se servir.

L'enquête dura jusqu'au 11 février 1457.

Isabelle revoyait tous les témoins qu'on interrogeait : les parrains de Jeanne, trois des marraines jadis si fraîches en leurs atours, et si bavardes, onze de ses compagnes d'enfance, des amis de Domremy et des paroisses voisines, son oncle Durant Laxart, des habitants de Vaucouleurs et divers gentilshommes.

Ils racontaient leurs histoires, s'étendaient sur leurs souvenirs, et le temps passait...

L'on menait aussi une enquête à Orléans. Elle avait commencé le 22 février 1456.

Les séances, présidées par l'archevêque de Reims, assisté du Grand Inquisiteur Jehan Bréhal, se tenaient en la salle de l'Officialité, mise à leur disposition par l'évêque d'Orléans, Thibauld d'Aussigny.

Isabelle comparut comme demanderesse et ne fut donc pas interrogée. Juvénal des Ursins la renseigna « sur l'état de la procédure, qui subis- « sait les délais nécessaires aux multiples en- « quêtes ». — La mère de Jeanne d'Arc sortit de cet entretien le visage rasséréné ; elle se montra dès lors moins impatiente et plus rassurée sur l'issue du procès.

Quarante témoins, entre trente-cinq et quatre-vingt-cinq ans, capitaines, prêtres, bourgeois, marchands, artisans, demoiselles défilèrent.

Après Dunois, le bâtard d'Orléans, Raoul de Gaucourt, gouverneur de la ville au moment du siège, François Garival, Guillaume de Ricarville, Renault Thierry, doyen de Méhun-sur-Yèrre, chirurgien du Roi, trente-six habitants, dont six prêtres, vingt-deux bourgeois et huit dames furent entendus à partir du 16 mars.

Le 18 juin 1456, les enquêtes closes, Jean d'Arc se rendit au Palais de l'évêque de Paris et, au nom des codemandeurs, sa mère et son frère, pria les délégués de fixer le jour où ils donneraient leurs conclusions.

Ils déclarèrent que ce serait le mercredi 7 juillet, à Rouen, car il était juste de placer la réhabilitation là où l'on avait prononcé la sentence du jugement infamant.

La vieille femme infirme poussa un grand soupir : que de jours à attendre encore !

Enfin le 7 juillet fut tout proche. Jean d'Arc se hâta de se rendre à Rouen ; Pierre resta à la ferme, où le retenait le mauvais état de santé de sa mère.

Alors, ce fut l'attente angoissée. Ils suivaient en imagination les phases du procès. Puis ils pensèrent que la sentence était rendue. Ils avaient toutes raisons de la supposer favorable, mais ils se défiaient de la justice, se disaient qu'un incident inattendu pouvait avoir surgi.

Isabeau se crispait à ses draps, se cramponnait à la vie ; et les fermiers, quand ils s'en revenaient de la ville, la trouvaient dressée entre les rideaux de l'alcôve, l'œil brillant, le cou maigre, l'air anxieux.

Et Jean d'Arc, enfin, arriva.

Au nom du Pape Calixte III, Juvénal des Ursins avait déclaré qu'il « cassait, irritait, annulait » la procédure de condamnation faite à

Rouen, que Jehanne la Pucelle d'Orléans et ses parents « n'avaient contracté ni encouru, à l'oc-« casion de son procès, aucune note ou tache « d'infamie, et que ladite Jehanne n'était nulle-« ment atteinte par lui ; qu'elle en était et de-« meurait purgée, et, autant que si besoin en « était, l'en purgeait totalement. »

La proclamation de la sentence avait eu lieu de suite sur la place Saint-Ouen, et le 8 sur la place du Vieux-Marché, où Jeanne avait été brû-lée vingt-cinq ans auparavant.

Bientôt arrivèrent à Orléans l'évêque de Cou-tances, Richard de Longueil, et le Grand Inquisi-etur, Jehan Bréhal, qui intimèrent la sentence de réhabilitation.

Le mercredi 21 juillet, six hommes portèrent les six torches de la ville à une procession qui se déploya en l'église Saint-Samson, en l'honneur de Jeanne la Pucelle. Les procureurs, le clergé, les représentants du Saint-Siège y prirent part, escortés de tout le peuple d'Orléans.

La municipalité offrit le 20 juillet un grand banquet où « dix pintes et choppines de vin fu-« rent présentées de par la dicte ville au disner « à monditc Seigneur l'Evesque de Coutances et « à l'Inquisiteur de la Foy »... ainsi que : « douze poussins, deux lapperaulx, douze pigeons « et un levrat achetez le mardi vingtième jour « de juillet 1456, par Cosme de Commy et Mar-« tin de Maudoubet, qui, le dict jour, furent

« présentez de par la dicte ville à Monseigneur
« l'Evesque de Coutances. »

Après la promulgation de la sentence de réhabilitation, la procession se rendit sur le pont, au milieu duquel, conformément aux prescriptions des juges, fut érigée une monumentale croix de bois, en expiation du crime du 30 mai 1431.

Isabeau ne vit pas toutes ces choses, car elle était devenue infirme.

Elle avait accompli sa tâche ici-bas ; son vieux corps usé se refusait à un plus long service ; il la privait de la joie suprême d'assister au triomphe de sa petite Jeannette. Cependant que chacun s'apprêtait pour la fête, il la clouait au lit, l'obligeait de rester toute seule entre ses rideaux... Et elle n'avait pu que s'unir, en pensée, aux actions de grâces du peuple. Tout se mêlait dans sa tête, les draperies flamboyantes, les cierges, les chants liturgiques et les bons bourgeois d'Orléans... Alors elle se disait que sa petite Jeannette, assise au beau Paradis, devait contempler cette fête de la terre, et toutes ses rides se détendaient, riaient d'aise en sa vieille face ravagée par la douleur.

Quand ses enfants furent revenus à la ferme, il leur fallut lui crier dans l'oreille les détails de la cérémonie ; elle se les faisait répéter, n'arrivait point à s'en rassasier. Et tous, ils étaient là, qui parlaient en même temps.

L'émotion l'étouffait ; elle était retombée sur

son oreiller, la face toute blanche, le nez pincé, la bouche ouverte, et l'on avait bien vu qu'elle n'avait maintenant plus rien à faire ici-bas.

Dès lors, elle ne fut plus qu'un souffle entre deux draps. Déjà il semblait qu'elle avait quitté la ferme ; on ne la trouvait plus dans la cuisine, et sa place à table n'était plus marquée. Mais les femmes, se levant au milieu des repas, allaient lui porter quelque assiette de soupe, qu'elle mangeait péniblement, ayant grand'peine à porter jusqu'à sa bouche sa cuillère tremblante. La robe toute farineuse et les manches retroussées, on venait la voir entre les soins qu'on donnait aux bêtes et les fournées de pain. On l'embrassait sur les rides de son front...

Elle vivait maintenant avec ses morts bienheureux ; déjà les bruits de la terre ne lui parvenaient plus qu'assourdis, lointains.

Le 18 juillet 1457, Pierre avait marié son fils Jean à Marie de Vézinez, fille du sieur de Villiers, de la paroisse d'Ardon. La bénédiction nuptiale avait eu lieu à Orléans, à Saint-Pierre-le-Puellier.

Les procureurs, « par considération des grands « biens, bons et agréables services que fit, durant « le siège, feu Jeanne la Pucelle, sœur de Messire « Pierre du Lys, à cette cité d'Orléans », avaient fait un cadeau au marié, s'étaient chargés des frais de la noce, avaient assisté à la cérémonie et aux repas.

Isabelle n'avait pu que bénir les jeunes époux au retour de l'église.

De son lit, les oreilles ouatées par la mort toute proche, elle entendait, par instants, l'éclat de la gaieté des convives. Alors elle ne savait plus de quelle noce il s'agissait, si c'était de celle de ses fils, de sa fille Catherine, ou de sa petite-fille Marguerite.

A quelques jours de là, elle vit s'avancer vers son lit les dames et damoiselles d'Orléans, qui lui annoncèrent qu'elles s'étaient cotisées pour convertir la croix de bois du pont en croix de bronze. Le 22 juillet 1458, la nouvelle croix fut plantée sur le pont, près des Tourelles. Pierre seul assista à la cérémonie.

Ce fut la dernière joie d'Isabelle.

La grande femme vaillante qui avait si soigneusement pétri le cœur de la petite Jeannette, et tant souffert ici-bas, glissait maintenant vers la lumière...

Le 28 novembre 1458, sereine et confiante, Isabelle Romée mourut[1], entourée de son fils Pierre et de ses petits-enfants.

---

1. Certains auteurs assurent qu'Isabelle mourut à Orléans, dans une maison de la rue des Pastoureaux.
Elle était âgée de soixante-dix à soixante-quinze ans.

FIN

TABLE DES MATIÈRES

LIVRE III

ISABELLE DOULOUREUSE

LIVRE IV

ISABELLE TRIOMPHANTE

E. GREVIN — IMPRIMERIE DE LAGNY — 5-1930.